泣きたくなるほど嬉しい日々に

尾崎世界観

角川文庫
23415

目次

まえがき

やめなさい。音楽では絶対に食えないから、今のうちに諦めなさい。ことあるごとにそう言われていたせいで、耳にイカができてヌルヌルして気持ち悪かった。でも、意地になって続けているうちに、そのイカが干からびてスルメになった。千切って、マヨネーズを付けて食べるとうまい。

そんなふうに開き直ってやっていたら、なんとかスルメ以外も食えるようになった。それから、もう何年も、あれだけ無理と言われた音楽で飯を食っている。

絶対に無理、を覆して今に至るからこそ言いたい。

何事も、データに基づいて傾向に対策していくのは虚しい。そして、どうあがいたってそのデータ通りにすっぽり収まってしまうことが悲しい。

自分がその流れを変えてみせる。意気込んでも、最後にはぴったり平均的な枠に収まってしまう。それでも、どうしても逆らわずにはいられない。最近の傾向として、こんな言葉をタイトルに入れると売れます。私が担当したこの本も、ほら、入ってる。そして、売れてる。担当編集者が言った。

「泣きたくなるほど嬉しい日々に」

最近の傾向とかいうクソを無視してこんな言葉が出てきた時、自分で自分を抱きしめたくなったけれどやめた。そんなことをしたって、どうした？　寒いの？　と心配されるだけだ。これが売れる、ではなく、これで売れる。違うか馬鹿野郎。この守銭奴め（言い過ぎ！）。

書きたいことを書きたいように書いてみた結果、成功体験ではなく性交体験が書かれているような、とんだ事故啓発本になった。

ダラダラと書き連ねて何を言いたいかと言うと、本当に恥ずかしいけれど、この歳になってもまだ奇跡を信じている。

この本を通してそのことが伝わればもう、オッケーだしハッピー。

２０１９年６月１日　尾崎世界観

いつからか、花火を見るよりも、花火になることを選んだ

後に引けず、先が見えず、バンドを続けていくことが辛くてたまらない時期に互いを杖にして進んでいた。

「もうほとんどの夢が叶った」と言われた。

一緒に売れる。そう信じて長い時間を共に過ごした元バンドマンの友人がいる。彼がバンドを辞めたあの日から、その杖をへし折ってここまで来たと思っていた。新大阪駅構内の居酒屋で、ひさびさに酒を飲みながら昔話をしている時、「もうほとんどの夢が叶った」と言われて驚いた。もちろん、今では自分の会社を立ち上げて新たな目標を手に入れた彼自身の活動ではなく、こちらの活動を指しての言葉だ。同じくらい憧れて、同じくらい苦しんだのに、ある日とつぜん別れて裏切った。そう思っていたのは自分だけだったのかもしれない。杖をへし折ったあの日から、やけにかたむいた不細工な歩き方でここまで来た。自分だけ目標に近づいていることが心細くて、申

し訳なくて、いつも落ち着かなかった。

でも「もうほとんどの夢が叶った」という言葉に、その不細工な歩き方を褒められたようで嬉しかった。

夏は花火になる。毎週末、各地で開催される野外フェスで、決められた時間内で打ち上がっては切なく汗をかいている。多ければ日に50組以上が出演し、それぞれの人気や実力が浮き彫りになる。大小様々なステージで同じ時間帯にライブが行われるせいで、華やかなスターマインから地味な蛇玉まで、ステージのランクや見物人の数はリアルな現実を突きつける。

熱狂を終えればすぐに乾く。綿密に組まれたタイムテーブルに沿って次から次へと出てくる出演バンドが上書きする観客のまぶたの裏にちらつくその点滅は、思い出と呼ぶにはあまりにも頼りない。

だからこそ、燃える。どれも均等で一定の結果が出るのなら、やるほうも見るほうもすぐに飽きてしまうだろう。振り落とされないように、勝ち残るために、どの出演者も必死に食らいつく。

予定時刻ちょうど、歓声を合図にしてステージ袖から歩きだせば、突きあげた無数の拳で大勢の観客が迎え入れる。何万人をも収容する広大な敷地を埋め尽くすのは、人と人と人だ。そのなかについ無人のスキマを探してしまうのは、いつまでも直らない悪いクセだ。決してテレビカメラが映さない場所にこそ、正しい現実がある。だからまずは、埋めきれていない、悔しくて恥ずかしい場所を見つけてしまう。手をあげている人を見つければ、手をあげていない人を探してしまうし、飛び跳ねている人を見つければ、飛び跳ねていない人を探してしまう。音楽を、自分を、信じれば信じるほど、足りない部分が気になってくる。客がいないせいであんなにスキマが空いてるのに、こんなにうまそうに食ってると思われたくない。だから弁当のフタを開けても、ハンバーグやエビフライを無視してスミにある漬物に箸を伸ばす。目を泳がせながら、まずは恥をつまんで、その客入り相応の態度をとってしまう。

常に騒がしいロックフェスでは、とりわけ無音に近い音ほどよく聞こえる。だから、ステージ中央でマイクの前に立てば、観客が息をのむ音を聞くことができる。目がくらむほどの視線を集めて、バンドマンなら誰もが夢見るこの瞬間、ここでいつも迷ってしまう。第一声、観客に向けてなんて言っていいかがわからないからだ。地鳴りのような歓声を手に入れるためには、それなりの「煽り」が必要になる。

こんな時、今いちばんスタンダードな第一声が「いけるか」の後に地名を添えて絶叫するプランで、勝手に「いけるか！　ご当地パック」と呼んでいる。土地に呼びかけるという滑稽さを除けば、ちょうどいい熱量を含みつつ無難に地元出身者の心を摑むこともできて、なんともお手軽で初心者向けだ。

そして「かかってこい」や「踊れ」など、一見インパクトがあって強そうな言葉でもよく考えると中身のない言葉の後に、これまた地名を添えて絶叫する第一声も主流だ。これは、「外カリッカリ！　中身ふわっふわ！　ご当地パック」と呼んでいる。ロックフェスでライブが盛りあがっていないバンドは恥ずかしい。後で、トイレの個室に入っていたのがバレた男子小学生のような扱いを受ける恐れがある。

ライブ中盤あたりに盛り込まれるコールアンドレスポンスも悩みの種だ。あれっ、どうやるんだったかな。とりあえず前の人を見てなんとかしようと、お通夜でお焼香の列に並ぶ時とよく似た焦りを感じる。それは、返してもらう以前に、差し出すものがないからだ。

当たり前のやりとりの大切さはわかっていても、むやみやたらに返却を求めるのはおかしい。思わず「ＴＳＵＴＡＹＡか！」と突っ込みたくなる。そのくせ、誰よりも延滞にはうるさい。まず差し出さなければ返ってくるはずがないのに、期待だけはしてしまう。こんな考えでいたらあっという間に旧作になる。

ライブは絶妙なバランスで成り立っている。バンド側が限られた時間内でいかに楽しませるかを考えるのと同じように、観客も限られた時間内でいかにバンドの良いところをひき出すかを考えているのかもしれない。「お前たちも主役だぞ、お前たちと一緒に作っていくライブだからな」という胡散くさいMC通り、コールアンドレスポンスがレスポンスアンドコールになる瞬間がある。そんな時、「踊れ」と言っているこちら側が踊らされているのだろう。

たまにテレビで目にする、新人歌手発掘を目的としたオーディション番組だってそう。歌い終え、緊張の面持ちをした未来のスター候補に対する審査員のコメントはどれも辛辣だ。それを受けたスター候補は目を潤ませ、唇を嚙み、投げられた一言一句に頷く。それに気持ち良くなった審査員は、挙げ句の果てに「お前、歌を歌おうとするなよ、だから駄目なんだ」と訳のわからないことまで口走る。この時点でもうすっかり立場は逆転していて、どっちが表現者でどっちが審査員なのかわからなくなっている。歌手のオーディションで「歌を歌うな」と言うのは、未来のカビキラー候補に「お前カビを取ろうとするなよ、だから駄目なんだ」と言っているのと一緒だ。未来のカビキラー候補が、カビを取らずにカビキラーになるのは不可能だろう。

多くの人にとって、学校や職場と違い、ライブ会場は非日常だ。でも、出演者にとっては、ライブ会場が職場であり日常になる。そのズレを直すため、「煽り」や「コールアンドレスポンス」に挑戦しては、変な自意識のせいで失敗してきた（挑戦したことあるんだ……）。

もしこの嘘がバレていたらと怖くなり、自分で先にバラしてしまう。取調室でカツ丼が出てくる前に自白してしまうのは、刑事にも蕎麦屋にもなんだか申し訳ない。

気持ちの悪いことを言うと、ずっと音楽とつながっている。音楽で飯を食っているのではなく、音楽と飯を食っていて、擬人化された音楽と食卓で向かい合うと「クチャクチャうるせぇ」と音楽の咀嚼音が気に障る。この先もずっと離れられないとわかっているからこそ、そんなささいなクセが気になってしまう。音楽と飯を食うというのはそういうことだ。「ちょっとそこの醬油取ってよ」なんて言われた日には、「自分で取れよ」と悪態をつく。手を伸ばしても届かない音楽だからこそ、そうしてずっとつながっていられる。そして、いつかは完全に離れる日がやってくる。

はじめて野外フェスに出演が決まった時のあの喜びは今でも変わらない。出られるようになるまで行かないと意地を張ってずっと画面越しに見ていた景色を、裏側から見渡した時の感動はすごかった。ずっと求めていたステージの、踏みしめるたびに軋む意外とやわらかい板の感触はいつでも思いだせる。こうやって立ってみると意外と小さい。そう思えたこともどこか誇らしかった。選んでくれた主催者の期待に応えたいし、それを超えて、裏切りたい。心からそう思うし、非日常が日常である幸せをいつまでも手放したくない。

いつからか、花火を見るよりも、花火になることを選んだ。彼がバンドを辞めて、花火になるよりも、花火を見ることを選んでからもう7年が経った。

いつだってわかりやすくて派手な花火が人気を集めるけれど、音だけは均等に、誰も裏切らずに鳴る。そんなところが好きだし、そんなところを信じている。派手に飛び散る火花がたとえ嘘をついても、その火花の音は嘘をつかない。

正直に、埋めきれていない悔しくて恥ずかしいところにも届くよう、鳴らしていきたい。

まだまだ見せたいものがあるし、まだまだ見ていてくれるだろう。まだ叶っていない夢だってあるんだ。

今年の夏もまた、歓声を合図にしてステージへ向かう。

モンクの叫び

両手を頬に当てて変な顔をして、あの人みたいに思い切り叫びたい時がある。理不尽なことに直面した時は、有名絵画さながら、変な顔をして思い切り叫ぶに限る。なぜなら、変な顔をして叫んでる奴は無敵だから。たとえ一方的に痛めつけられていたとしても、さすがに変な顔をして叫んでる奴をそれ以上殴ろうとする人はいないだろう。これは絶望に対してのクリンチだ。でも元から変な顔だから、変な顔ポイントがあまり加算されず、思ったより変化がないのが悔しい。そうやって両手を頬に当てて変な顔で叫びたくなる瞬間を、今から掘り下げていきたい。

伝書鳩野郎には手を焼いている。何かあるたび、すぐに共通の知り合いに報告したがる人に、叫びたくなる。よかれと思って、を盾に、頼んでもいないのに勝手に伝えてしまう。悪口を言っているわけではないし、褒めているんだから問題ないだろう。

良いことはどんどん伝えなければ。そんな気持ちから起こす行動なのかもしれないけれど、やめて。学校にも、「こうして、こうやって、こう」と言いながら結局全部自分でやってしまうタイプの先生がいたけれど、それに似たモヤモヤが残る。さらに、モヤモヤと言えばこれ。

仕事をするうえでも、プライベートでも、メールを使った相手とのやりとりは欠かせない。時間をかけず、スムーズなやりとりができる便利な世の中には感謝している。でも、このメールにおけるあれやこれやに、叫びたくなる。まず、いきなり「今何してる?」とだけ送ってくる人について。先に詳細を教えてほしい。そして、そのうえでどうするかを考えたい。何も知らずに誘いに乗ってしまってから、その場にあまり得意ではない第三者がいたら、すごく困る。街でスカウトされて、その気になって舞い上がって、周りにも意気揚々と決意を語って、薄っぺらのボストンバッグ片手に上京したとする。でもフタを開けてみればそれはただの養成所で、毎月月謝を支払うという状況になったらどうだろう。そんなの辛すぎる。だから、上京する前にちゃんと詳細を教えてほしい。頼む。でも、最初は手厚いのに、後から冷たくなるという逆のパターンだってある。メールで何度かやりとりを重ねて、こっちが気を許したころにとつぜん「。」や「、」の無い淡泊な文面になるのはなぜだろう。これまでのやりとりに何か相手の機嫌を損ねる要素があったか、送ったメールを読み返しても思い当たらない。最初から無いのであれば気にならないのに、いきなり無くなると不安になる。

人格が二交代のシフト制で、ちょうど夜勤の人に変わったタイミングなんだ。そう自分に言い聞かせてみてもやっぱり無理だ。人は、増えている時には鈍感で、今まであったものが減った時に敏感になる。「、」や「。」は真っ暗な夜道を照らす街灯だ。

だから急に淡泊な文面になるのはやめてほしい　今まで積み上げたものが揺らぐし　高い所でとつぜんハシゴを外されたような気持ちになるから（ほら！）

メールだけでなく、インターネットが無くてはならないものになった今、ネットニュースやSNSで著名人の文章に触れる機会が増えた。ひと昔前であれば、テレビ、ラジオ、雑誌以外で知ることのなかった彼らを身近に感じられるのはとてもありがたい。でも、そのせいでまた叫びたくなる。その原因は、著名人が亡くなった際に、残された近しい著名人が出す追悼コメントにある。本当に近しい人であれば、しばらく悲しみに暮れ、その死を自分なりに受け止めてからコメントを出すはずだ。それなのに亡くなってすぐ、地震速報のような速さで故人とのちょっとしたエピソードまで添え、SNSに投稿することに違和感がある。挙げ句の果てには、「おい、そっちはどうだ？」などとあの世に問いかけたりするけれど、おそらくまだ着いてもいないよ。あの世っていうくらいだから、片道まあまあの時間がかかるよ。仮にもし着いていたとしても、まだ荷解きも終わってないよ。引っ越したばかりの段ボールまみれの部屋で「新しい生活はどう？」なんて聞かれても、まともに答えられないだろう。最寄りのコンビニの場所や、駅までの最短ルートを確かめながらすこしずつ新しい生活に馴染んでいくのは、この世でもあの世でも変わらないはずだ。故人との関係の深さは、追悼するスピードに反比例する。そんなに近くない人ほど、地震速報追悼をする傾向にある。だから遺言は「追悼の言葉が遅ければ遅い人ほど、私に近い人だ。なんであの人は何も言わないのかとあなたが疑問に思う人こそ、私にもっとも近い」にしたい。自分が死んで数時間後、SNSに「献杯」と書かれ、生前残したCDや本と一緒に洒落たウィスキーの瓶の写真をあげられたりしたら、たぶん呪う。悲しみは伝えるものじゃなくて、自分の内に溜め込むものだろう。そして、そこから溢れるものだと思う。

こんなことばかり書いていれば、こいつ生きづらそうだなと思われても仕方がない。でもこれはこれで楽しい。筋力トレーニングのようなもので、体ではなく心に負荷をかけて鍛えている。だから、こうやって言葉にして吐き出すのはボディービルの大会に出るようなものだ。もっと私を見て。心にオイルを塗りたくって後半へ。

電車に乗ると、心がくしゃくしゃになる確率が一気に上がる。見ず知らずの人と人が、せまい車両の中、至近距離で共存するのは大変なことだ。ガタンゴトンという車内の揺れが、「ほらほら〜」という電車側からの煽りに感じる時がある（ないよ。その揺れは仕方ないやつだよ）。

空いている座席に座ったら、高確率で自分の前に高齢の方が立つのはなぜだろう。席を譲ろうか、でも、次で降りるからと断られるかもしれない。あっ、横にも同世代の人がいる。友人だとすれば、きっと一人で座るのは気まずいだろう。表情から読み取ろうとしても、それが立っていて辛いからなのか、これまでの人生を生き抜いてきた貫禄からくるものなのか見分けがつかない。ホテルで部屋のドアノブにかける「起こさないでください」の札のように「席を譲らないでください」の札があればどんなにいいか。だったら最初から座らずに立っていればいいのに、空いているとつい座ってしまう。こんなに気を使うくらいならもう座らない。そう思っていても、気がつけば無意識に座席にポーン。そして、高齢の方が目の前にドーン。あーーー。ならばタクシーに乗る。でも、ここでもまた文句が出てくる。支払い時、1万円札や5千円札を出すと、お釣りを自分の財布から出す運転手さんがいる。会って間もない、素性の知れない運転手さんの財布から抜きたてホヤホヤのあの札がなんか嫌だ。紛れもないお釣りなのに、なんだか小遣いをもらっているようで、妙な気持ちになる。思わず「ありがとうございます」と礼を言いそうになるし、あの、これで好きな物でも買いなさい感がどうも腑に落ちない。腑に落ちないといえば Google もそう。以前、尾崎世界観が結婚しているという嘘の書き込みをSNS上で見つけて、気になって検索してみた。Google の検索バーに「尾崎世界観 結婚」と打つつもりが、カ行で「け」と「き」を打ち間違えて「尾崎世界観 嫌い」「尾崎世界観 気持ち悪い」と余計なサジェストが出てきた。気を取り直して進んだ「け」でも「尾崎世界観 けっこう気持ち悪い」と出てくる。Google、全然ＯＫじゃない。次に、自分の容姿があまりにも色んな人に似ていると言われるので、こうなったら誰にいちばん似ているか白黒つけようと思った。今度は Yahoo! を選ぶ。検索バーに「尾崎世界観 似てる人」と打とうとしたら、「に」を打つ前の「な」で「尾崎世界観 名前負け」と出てきた。一寸先ならぬ、一字先は闇だ。

「いくらなんでも酷い」

うんざりしてテレビをつければ、若い女性アーティスト２人が対談をしている。司会の男性が「2人はプライベートでも仲がいいと聞いたのですが、最近はどこかへ一緒に出かけたりしましたか？」という質問をした。「あっ、うちら意外と○○とか行ったりするよね」という返答からして、確実に○○を見下している。あえてちょっと下火の商業施設に行くのが一周回ってお洒落だというあの感じ、よくないぞ。こうやってイライラしていると、「もう、イライラしないの。ちゃんとカルシウムとってる？」と聞いてくる人に、またイライラする。いいじゃないか、何かに怒っていたって。何事にも無関心でどれもこれも受け流すほうがよっぽど寂しい。怒っているということは、起こっているということだ。何かをはじめるために怒りが必要な時だってある。

まあでも、自分に自分で疲れます。

「くれない？」に染まったこの俺に、同乗しろ！

「ねえ、今ちょっと細かいのないから小銭貸してくれない？」って聞いてくる人が苦手だ。そんな人は、借りた小銭をほとんどの確率で返さない。たとえば、100円貸したとする。貸したほうは、たった100円をわざわざ覚えているなんてケチ臭いと思われるのが怖くて、自分から返してとは言えなくなる。「100円貸してくれない？」10回で1000円。「100円貸してくれない？」100回で1万円。「100円貸してくれない？」も積もれば山となるだ。これは辛い。「くれない？」に染まったこの俺を慰める奴はもういない。
貸したのはこっちで、借りたのは向こう。それなのに、いつだって貸したほうの立場が弱い。考えた末、「100円貸してくれない？」対策として、今はこれしかないと言って1万円札を差し出すことにした。すると相手は「こっちも大きいのは持ってるから大丈夫、お釣りで財布がいっぱいになるのが嫌だから聞いたんだよね」などとぬかしやがる。

誰だって、パンパンに膨らんだ財布を見て気分良くはならない。でも人生にはそんな日もあるんだよ。毎日生きていれば、財布がパンパンになる日だってあるの。それをちゃんと受け入れろ。おいこら、体に鉛玉ぶちこんで、本当の意味で小銭入れにしてやろうか(言い過ぎだ!)。

取り乱したけれど、こうやって誰もが納得できない思いにどうにか折り合いをつけているはずだ。でも、決してその思い自体が消えてなくなるわけではない。一度犠牲になった気持ちは、時間が過ぎても必ずどこかに残ってしまう。捨てたゴミだって、ただ自分の前から無くなっただけで、どこかのゴミ処理場で汚い山を作っている。そのことを大声で言いたい。そういう気持ちがあること。そういう気持ちが消えないこと。もういい大人なんだからわざわざそんなこと言わなくてもと思われるようなことを、諦めずに言いたい。それが自分の表現の中心だ。だから、借りたものは必ず返して!

借りて返すと言えば、レンタルビデオだ。〈ビデオレンタル美美〉は、実家のマンションの裏口からすぐの小汚い裏路地にあった。あれから20年以上が経ち、当時新築だった実家のマンションも、今ではすっかり古くなった。〈ビデオレンタル美美〉があった場所も、今ではもう居酒屋だ。

まだ小学生のころ、そのビデオ屋にはじめて足を踏み入れた。曲がりくねったせまい店内は、あのころの自分の居場所だった。学校にもそれなりに友達はいたけれど、ビデオ屋の棚の前で背のびして大人の世界をのぞき見しているほうがよっぽど楽しかった。そうしてビデオが並んだ棚の、届くか届かないか絶妙な高さへ手を伸ばしては、いつも優越感に浸っていた。

週末、外食帰りに家族と〈ビデオレンタル美美〉に立ち寄り、何を借りるか迷う時間が好きだった。いつまでも決まらず、棚の前を行ったり来たりしてようやく決めたビデオは、その瞬間ひどくつまらないものに思えた。選んでいる時間そのものに楽しさや嬉しさがあったから、「もういい加減にしなさい」と怒られるまでいくらでも迷っていられた。たとえ興味の無い作品でも、貸出中の札がかかっていれば無性に観たくなるし、逆に、目当ての作品が借りられずに残っていれば急に冷めてしまう。日本語吹き替え版が貸出中で泣く泣く諦めたり、準新作と旧作の曖昧なラインにもやもやしたり、肝心な時に会員カードの有効期限が切れていたり。幼少期にレンタルビデオ屋で感じたあれやこれやは、大人になってからの人間関係の基盤になった。そりゃあアタシにだって、延滞していつまでも返せない思い出の一つや二つだってありますよ。

ビデオだけでなく、CDもよく借りた。買ってもらったばかりのCDコンポで色んなCDを流しながら、歌詞カードを見て一緒に歌った。不織布にくるまったディスクを取り出して、コンポにセットする。あの瞬間は毎回飽きもせずドキドキしたし、レンタル用にコピーされた白黒の歌詞カードはインクがにじんで読みにくかった。でも読めたところで、小学生がその内容を理解するのは難しい。日本語の合間に唐突にはいってくる「WOW」や「oh〜」の意味をいつも真剣に考えていたけれど、大人になってから、そこにたいした意味が無いことを知って絶望した。だから、いまだに日本語の合間に唐突にねじこまれる胡散くさい英詞を見ると、途端に feeling down する(あぁ、だせぇ……)。そのうち、入荷枚数と貸出状況を照らし合わせてレンタル落ちを予想することを覚えた。目をつけたCDの貸出状況を見ながら、遊女を身請けしようと企むエロじじいのごとく、せっせと小遣いを貯めていた。

いつだって、棚に並んだビデオのパッケージやCDのジャケットを見ているだけで飽きなかった。借りられるほどの小遣いを持たない日がほとんどで、それでもパッケージやジャケットを眺めては、その中身を想像しながら楽しんでいた。今の創作活動における想像力のほとんどは、ここで培ったと言ってもいい。

店の空気の8割以上が、カビ臭い暖房の風と、店長のすえた体臭でできていた。残りの2割、新鮮な空気を求めてたどり着くのは、いつも怪しい幕の前だった。その向こうに何があるのかは、なんとなく知っていた。その向こうはすごく汚れているようでいて、まだ何にも汚されていないようでもあった。くる日もくる日も、太いアルミの松葉杖をついたおじさんが幕の向こうから出てきたり、幕の向こうに消えたりした。スウェット地の短パンから出たおじさんの足には、大きな縫い傷があった。おじさんはその足を引きずるようにして、袋がはち切れそうなほどのアダルトビデオを、松葉杖の持ち手にぶらさげて帰っていく。自動ドアの向こうに消える生白い大根足に付いた縫い傷に、いつも目をうばわれた。そしておじさんの足の縫い傷を見ると、いつも無性に悲しくなった。

店長は無気力な表情をして、いつもカウンターでタバコを吸っていた。自動ドアが開ききるまでの間に、店長の機嫌が良いか悪いかを瞬時に見極め、機嫌が良い時にだけ話しかけるのがポイントだった（店長も機嫌が良くて暇な時にだけ話しかけてきた）。たいして売上にもならない小学生に、ただでさえせまい店内をうろうろされるのは、さぞ迷惑だっただろう。自分が逆の立場だったら確実に追い出している。店長、あの時はごめんなさい。でも、もう時間は巻きもどせない（ビデオ！）。

店長との関係は日を追うごとに悪くなっていった（さすがに通い過ぎた）。もうそろそろここにもいられないか。田舎町に潜伏する脱獄囚の気持ちでいたところに、アルバイトの加藤さんが入ってきた。長髪の加藤さんは若いバンドマンで、カート・コバーンに憧れていた。加藤さんが出勤している日はいつも店内に爆音のニルヴァーナが流れていて、見たこともないお洒落な服や指輪、気怠そうに笑うと見える八重歯が格好良かった。ハンバーガーを食べながら接客をする不良店員の加藤さんには、ずいぶんかわいがってもらった。映画や音楽の知識も豊富で、加藤さんと話しているだけで大人になれたような気がした。その関係は店内にとどまらず、映画や展覧会にでかけたりと、店外デートをするまでになっていった。長男の自分に兄ができたようで、すごく嬉しかった。そんな尾崎少年も、この時すでに中学生になっていた。ある日、近所に小さなケーキ屋ができた。そのケーキ屋のアルバイト店員であるギャル二人組は、休憩時間や退勤後に、加藤さん目当てに頻繁に店へやってきた。ギャルAとギャルBには勢いがあった。二人は少年A（俺のことだよ！）を「かわいいねぇ、なんか弟みたい」などと褒めそやし、巧みに加藤さんとの距離を詰めていく。あぁ、このままでは加藤さんがメスカマキリに捕食されてしまう。少年Aはじりじりとした日々を過ごした。しばらくして、4人でディズニーランドへ行くことになった。嫌な予感は的中して、入園早々に加藤さんと良い感じになったギャルAは、どの乗り物でも加藤さんとのペアを死守した。仕方なく少年AとペアになったギャルBの絶望たるや。終始ピリピリしているギャルBに怯える少年Aの絶望も忘れないで。次第に険悪な雰囲気になるギャルAとBが怖かった。このケーキ屋のアルバイトたち、ついに生クリームが剝がれたな。むき出しになったスポンジは、それはそれは醜かった。加藤さんも加藤さんで、なんかヘラヘラしていて気に入らない。楽しいはずのはじめてのディズニーランドで、どうしてこんなことに巻きこまれているんだと腹が立った。「ねぇ、最後くらい一緒に乗ろうよ」とギャルBがギャルAに懇願する。このままでは二人の友情が危ういと、恋を捨て最後の決断をしたようだ。しかし、あっさりとそれを断るギャルA。なんで？　乗れよ。かわいそうだろうが。同じ恋心を抱いているのに、なんでギャルBだけが中学生とペアになり続けなければならないんだよ。すこしは同情してやれ！　そして、同乗してやれ！　頼むから乗ってくれよ。もう自分の立場もよくわからず、とにかく祈った。祈願虚しく、最悪な空気の帰路だった。大人の世界に首を突っこむとロクなことがないとよくわかった。それからなんとなく足が遠のいているうちに、いつの間にか〈ビデオレンタル美美〉はつぶれていた。散々お世話になって、挨拶のひとつもできず、何も返せなかった。思いだすたびに、借りたものは必ず返せがブーメランになって、自分自身に返ってくる。最後に見た加藤さんは、ひさしぶりのライブに向けて髪を緑に染め上げていた。あのころ、自分がバンドマンになるなんて夢にも思わなかった。

今日も小銭でパンパンに膨らんだ財布をポケットに入れて、そんなことを思う。

エッセー尾崎

生きていれば、色んなことが気になる。それだけでなく、死んだら一体どうなるのだろうと、死んでからのことだって気になる。とにかく、常に何かを気にしているから忙しい。こんなに色んなことを気にしていたら、どうにかなってしまうんじゃないか。それも気になる。気にならなくなったら気にならなくなったで、なんで気にならなくなったのかが気になるはずだ。これだってそう。エッセイとうたっているわりに、小説の出来損ないみたいだと気になっている。どうせならばこの際、最近気になっていることを書き連ねていこうと思う。今回は、エッセイのど真ん中を目指したい。

誰かの家に行くのも、誰かを家に招くのも、とても骨が折れることだ。ドアを開けたとき玄関先で香る他人の生活の匂いは、挨拶がわりのお通しだ。はい、あなたは今、アウェーに足を踏み入れましたよぉ。これから、色々と気になりますよぉ。まずはおしぼりで顔でも拭いて、しっかり備えてくださいねぇ。「嫌な予感」が稲川淳二さながら、懐中電灯で自分の顔面を照らして煽ってくる。まず入ってすぐ、リビングに置かれたCDラックや本棚が気になる。そこについ、自分の作品を探してしまうからだ。あったらあったで照れくさいし、無ければ無いで寂しい。コルクボードに貼られた写真も同じだ。そこに自分のものがあっても無くても、なんだかすこしモヤモヤする。

下積み時代、ライブの打ち上げ終わりでバンドマンの友達の家によく泊めてもらった。発泡酒と適当なつまみで、朝まで夢を語り合ったあの時間が懐かしい。ある日、ライブに来てくれたお客さんから「打ち上げでおつまみにでもしてください」と差し入れをもらった。友達の家で、皿に盛りつけたテカテカのひじきが食卓を彩る。テーブルも無い四畳半で、床に皿を置いたために悲劇は起きた。「なんか人だかりができてるから楽しそうだなと思って来ちゃいました」という縮れ具合いで、いつの間にか、友達の股間から採れたてのひじきが皿の縁にへばりついている。一気に食欲も縮れ、テーブルって大事だなとしみじみ思った。

大人になった今では、結婚して所帯を持った友人の家に遊びに行く機会もある。

「最近やっと落ち着いたから、今度家に来いよ」

なんて言われると断りきれず、行く。すると、友人の家族がまるで風神雷神のように立ちはだかる、ような気がする。

　そして夕飯だ。せっかく準備をしてもらったのに、野菜が食えないから申し訳なくなる。飲食店じゃあるまいし、ネギ抜きを注文するわけにもいかない。だから、どうか野菜が入っていませんようにとひたすら祈る。でも、やっぱり入っている。そりゃそうだろう。旦那の健康を考えれば、当然のことだ。出してもらった缶ビールを調子に乗って飲み過ぎてしまわないよう気を使うから、会話にも集中できない。その努力も虚しく、調子に乗ってワインを開ける友人。ポンッと開くワイン。焦るワイ。たまらずトイレに立つと、夫人の「えっ、もしかしてあのワイン開けちゃった？」という絶叫が聞こえる。開けちゃったよ。あなたの愛する人が、開けちゃった。でも、飲んでもこうして出ていくだけで、結局最後は全部水に流すんだよな。ほろ酔いで開き直ってきたころに、今度は「ねえねえ、この人だれー？」と言う子供の声で青ざめる。手加減無しの純度１００％だから、その分ダメージも大きい。あの澄んだ目の奥を思うと、とても猫なで声なんか出す気になれない。これ以上自分に興味の矛先が向かぬよう、ただ空気になろうと努める。でも、そんな赤ら顔の知らないおっさんが見逃してもらえるはずがなく「あっ、この人なんか変だよ」と続く。どうか、どうか容姿だけは。「変な顔」とか核心に触れて傷つけないでくださいと願う。

「この人なんか暗いよ、元気ないよ、なんでー?」

あぶねー、そっちか。助かった。そうなんです、暗いんですよ。おじさん昔からそうなの。本当に、とにかく根暗でね。もう困っちゃうよ。

はやく汚れてしまえ。それなりに傷ついたり傷つけたりして、唇嚙んで、空気読んで、立派な大人になってしまえよ! そして「おじさん、あの時は若過ぎて俺どうかしてたよ」と優しく語りかけてくれ(許さないけどな!)。

「泊まってくだろ?」

おい、友人よ。「だろ?」って、どうしてあとはもう頷くだけの状態までセットしてくるんだよ。思わず頷いちゃうだろうが(頷くなよ!)。ほら、夫人もとなりで小さく舌打ちしてる。

泊まることになれば、風呂を借りることになる。そこでまず、歯ブラシが気になる。用意してもらったのが新品の歯ブラシだと気がひけるし、無いのは切ない。この場合、ホテルのアメニティがいちばん気楽で良い。

まるで合宿にでも来ているかのような息苦しさに、ようやく1人きりになった解放感が混ざる。風呂場にこだまする溜息は深い。思い切って夫人の高級オーガニックシャンプーを使ってしまおうかと思うけれど、勇気が足りず思いとどまって友達のトニックシャンプーでスースーする。そして、湯船に浸かるのもなんだか忍びない。自分が出た後に何か浮いていたらどうしようと気になる。出るのが早過ぎれば不潔だと思われるし、遅過ぎれば何をしているのか訝しまれるだろう。

布団を敷いてもらっても、一般家庭の消灯時間は早過ぎてなかなか眠れない。ようやくウトウトしかけたころには、もう朝だ。

寝不足で、用意してもらった朝食もろくに食えない。自分の未熟さに直面しながら、ついに帰りの時間を迎える。そんな日は決まっていつも、太陽がやけに眩しい。そして帰り際、ドアが閉まってからすぐに鍵がかかる音を聞くと、怒らせるようなことをしてしまったんじゃないかと気になる（怒らせるようなことをしてるしな）。だからせめて、あの「ガチャン」が聞こえない場所へ行くまで待ってほしい。

このように、幸せな暮らしにはなかなか馴染めない。ならば、作り物の世界だ。そう意気込んで芝居を観に行っても、またそこで気になる。受付の女性が、会場の入り口付近で「尾崎さんですよね、こちらです」と声をかけてくれる。ありがたいけれど、全部見られている感じがちょっと怖い。月3回まで手数料が無料になるコンビニのＡＴＭと、そうでないコンビニのＡＴＭがあって、忘れたころに金を引き出すせいで、来る途中そうでないＡＴＭに手数料を２１６円取られた。そのことが気に入らなくてずっと小声で文句を言っていたのも、見られていたかもしれない。とても気になる。昔から劇場やギャラリーの受付に座る女性には、全部見透かされているようでなんだか引け目を感じてしまう。

おい、そんなことは気にするな。お前、観劇しにきたんだろう。細かいことは忘れて素直に感激すればいいんだ。そうだ、その通り。もう気にしない。よし、観る。やがて物語も終盤に差しかかったころ、主演女優のいかにも大事そうな独白がはじまった。

「それは……」

「……それは」

「それは……」

ブォッフェッブフォッヘッブォッ！

台詞がまったく聞こえない。なぜ、このタイミングで咳き込めるんだろう。それが気になってしょうがない。百歩譲って、どうしても我慢できなくてやむをえず咳き込んだのなら、入りの音が「ブォッ」になるのはおかしいと思う。「ブォッ」って、圧倒的に自分の中にある何かを解放しないと出せない音だから。なぜだろう。なぜ、大事な最後の最後で咳き込んでしまうのだろう。

「それは……」

「……それは」

「それは……」

ブォッフェッブフォッヘッブォッ!

帰り道、駅のトイレでも気になる。小さな子供が、両手放しで腰を突き出して用を足している。こっちへ飛んできそうで、気が気でない。恐る恐る横目で見ると、剣のような飛沫が便器めがけて一直線に伸びている。自分のシャワーヘッドに対する信頼感がとんでもない。身を硬くして最後の一滴まで見届けるけれど、知らない子供の小便をじっと見つめていたら、変態だと思われないか気になる（変態だよ！）。

この原稿だって、前に書いた「モンクの叫び」と内容が被っているような気がする。

あぁ、生きづらい。

夜を引き延ばして、俺はグーを出しましたよ

つけっ放しのテレビからつまらなそうな洋画が流れている。金髪の男女が青い目をギラつかせて、なんだかいい感じになっている。数秒見つめ合い、すぐに絡み合う。そんな彼らを見習えず、ただ時間だけが過ぎていった。缶チューハイはもう空になっていて、缶の口に溜まった甘い汁を吸って暇を持て余した。映画はエンドロールへ。真っ黒い画面を上っていく白い文字が、テレビの縁に吸い込まれて消えた。そんなことはどうでもいい。キスがしたい。深夜、最近仲良くなった女子の家で2人きり。この状況で何もしないのは、逆に失礼だろう。夜と朝の間で、俺は荒れている。朝が近づいて明るくなるにつれ、だんだんスタートを切りづらくなる。そう、これは盗塁と一緒だ。今だ。今しかない。唇という2塁ベースを奪え。

4時55分！　4時55分！

通販番組を挟んで『めざましテレビ』がはじまった。めざましくんの煽りを受けて、尾崎くんが行った。重なる唇に重なる、テレビから聞こえる「おはようございます」は、軽部さんに申し訳ないくらい濃厚だった。まるで、重唇さんだ。

一通りの段階を経て、ふと気がついた。傘がないならぬ、ゴムがない。行かなくちゃ。今すぐ傘袋を買いに行かなくちゃ。

「おい、買ってこいよ」「はぁ？　お前が買ってこいよ」「はぁー？　お前が買ってこいよ」「はぁーー？　じゃあせめてお前も一緒にこいよ」「じゃあ行ってやるよ！」

買った後で「恥ずかしいから持ってて」と箱を投げれば、それを取った彼女が「えー？　そっちが持っててよ」と投げ返す。だんだんそれが面白くなってきて、キャッチボールがはじまる。環七沿いのコンビニで買ったコンドームに「袋は要りません」どころか、それでキャッチボールをしながら信号が変わるまでの暇つぶしをしているのだから、ずいぶんエコだ。

大通りの空気は行き交う車の排ガスで淀んでいる。宙を舞う箱に街灯の灯りが重なり、一瞬何も見えなくなる。それでもしっかり目を凝らして、飛んできた箱をどうにか手に収めた。軽過ぎる箱はボールと違って、手に当たるとすぐに暴れるから困る。彼女の家まではもうすぐなのに、信号がなかなか変わらずもどかしい。それが夜間押しボタン式だと気づくまでにしばらく時間がかかったのは、きっと2人とも緊張していたからだ。

正式に付き合ってもいない彼女の部屋に帰ってくる。風で飛ばされて部屋に紛れこんだ小さな葉っぱが一枚、フカフカのカーペットにへばり付いている。なんだかそれを、他人だと思えなかった。数時間後、付き合ってもいないのに、仕事に向かう彼女と並んでやけに遠い道のりを駅まで歩く。日差しが眩しくて、顔を歪めながら駅で別れた。改札で人混みに紛れる彼女は昨日までとは打って変わって、「今からコンドームでキャッチボールしよう」と誘っても断られそうだった（当たり前だよ！）。

最後くらい、もっと良い表情で見送れなかったのか。それ以来もう会うことはなかったけれど、ひさしぶりに、子供が生まれて母親になったと彼女から連絡が来た。それは簡単な近況報告に始まり、「楽しみにしてるからがんばってね。まさか、尾崎さんとめざましじゃんけんをする日が来るとは……負けないぞ」というメッセージで締めくくられていた。

現在、8月のマンスリーエンタメプレゼンターとして、毎週水曜日『めざましテレビ』に出演している。開かないまぶたと回らない頭でぼんやり眺めていた学生時代から、夜型生活の締めくくり、まるで「おやすみテレビ」状態の今に至るまで、当たり前のようにいつもそこにあった番組だ。昔から、テレビは8チャンネルという先入観があって、まずはチャンネルをフジテレビに合わせるクセが、いまだに抜けない。だから、そんな『めざましテレビ』からの出演依頼には驚いた。でも、全4回のうち2回の出演を終えた今、依頼を受けた時の浮き足立った気持ちはもう無い。

火曜日の夜、緊張で眠れずにテレビ局へ。台本を読んで、スーツを着て、打ち合わせへ。本番がはじまってもまだ実感がない。カメラの向こうに対する漠然とした緊張だけがあって、アナウンサーの方が放つスースーしたオーラに圧倒される。モニターに映る自分の顔は、収穫したてのジャガイモみたい。ある意味で新鮮だけれど、やっぱりなんか違う。10秒。20秒。30秒。今まで、いかに時間を無駄にしてきたかがわかる。慌ただしい進行の中で、カウントダウンが終われば、またすぐにカウントダウンがはじまる。まるでカウントダウンでカウントダウンを洗う、時間との抗争だ。うまく言えなかった。段取りを間違えた。それらに落ち込んでいる暇もない。今まで必死になって感情を伝える努力をしてきたけれど、それは、その下地に事実があってこそ成り立っていると気づいた。まずはフラットに事実を伝えてくれる人の存在、そこを見落としていた。今回の経験を機に「伝える」という解釈が変わって、誰かの感情を揺さぶるだけが「伝える」だと思っていたことを恥ずかしく思った。誰の感情も揺さぶってはいけない「伝える」を目の当たりにして、強い衝撃を受けた。災害や訃報、事件の続報、すでに揺さぶられている人達への伝え方にこそ、配慮や技術が要る。スタジオの静かな熱に触れ、そう感じた。感情を乗せ過ぎても、殺し過ぎても駄目で、最近流行りの「不謹慎」に裁かれながら、ルールに則って正々堂々と伝えている。

表現をしていると、感動や衝撃を求めてつい過熱してしまいがちだ。入ってきたものを、そのまま流して渡す。その橋渡しが、いかに重要で骨の折れる作業かを思い知った。だって、宅配業者から玄関先で「いやぁ、一足先に中を拝見させてもらいました。この贈り物、本当に気持ちのこもったかけがえのない物ですよ！　おめでとうございます。しっかり受け止めてあげてくださいね。ズッシリ腕に来るこの重さは、質量以上に重い、想いの賜物ですね。もう、お陰で腰やられちゃうところでしたよ」なんて言われたら、気持ち悪いし腹が立つだろう。

そして、ワイプの存在にも悩まされる。あの瞬間、どんな顔をしていればいいのかがわからないからだ。雨宿りしている時のような顔をして、ただただ時間が過ぎゆくのを待つことしかできない。それでも目を見開いたり、頷いてみたり、自分なりに試行錯誤してみるものの、どうもうまくいかない。もっと大事なものを「抜」かれているような気がして、カメラが恐ろしくなる。

あれだけの番組になると、出演後のエゴサーチだって大変だ。まず表層には、ファンの方々からホイップクリームのような優しくて甘い感想が。そして、その奥にグレー層からの「誰？」という定番のご意見が（お前が誰だよ！）。そして時間が経つにつれ、グレーは黒くなり、釈迦に説法ならぬ、馬鹿の説法がはじまる。

「こんな知名度の無い奴で大丈夫なのか？　いくらなんでも弱過ぎる」

いくらなんでも酷過ぎる。見えないものを見ようとするのがＢＵＭＰ　ＯＦ　ＣＨＩＣＫＥＮならば、知らないことを知ろうとするのが朝の情報番組でしょう。新作スイーツや遊園地の期間限定イベントだって、同じ「知らない」じゃないか。恥を「知れ」。

前日の夜から準備をして、朝を迎えて、朝を伝える。当たり前のなんでもない朝は、誰かの夜を引き延ばしてできていた。子供のころもそうだった。早起きして弁当を作ってくれる母親の時間も、欠伸で飲み込んで見過ごしていた。

ところで、あの日のめざましじゃんけん、彼女は勝っただろうか。それとも負けただろうか。あの時何もできなかったけれど、せめてこっちがちゃんと負けていますように。幸い、負けるのは得意だ。
がんばれお母さん。どうかあなたの大切な子供が、あなたが犠牲にした夜を大事にして、朝起きて元気よく「いってきます」と言える人でありますように。そしてあなたが、そんな子供の成長や、テレビ越しのじゃんけんに勝っただけで世の中を肯定できるような、豊かな心をいつまでも持っていられますように。

4時55分！　4時55分！

夜を引き延ばして、今日も元気にいってきます。

尾崎さん、よいしょよいしょで
大事な場面があるじゃないですか

股間を丸出しにしたホームレス。木の上から容赦なく小便を浴びせてくるカラス。クリーニング店の配送車のケツにわざと突っこむ黒塗りの車。新宿はいつも元気に汚れていた。たどり着くまでに見るそんな光景にやられて、スタジオの地下へと続く階段を下りるころには、もうぐったりしていた。鏡張りの階段で立ち止まれば、ガリガリに痩せこけたオカッパ頭が恨めしそうにこちらを見ている。鏡にはいつも、ハンガーみたいな肩にギターケースを引っかけて、今にも嚙みついてきそうな自分が映っていた。こんな奴に人生を賭けなければならないのかと、自分で自分に肩を落として(でもハンガーみたいな肩だから、落としたくらいでちょうどいい)、もうやめちまえと心で言った。キャバクラを改装した名残だと言われれば仕方がないけれど、入り口の鏡張りでまっさきに冴えない現実を突きつけるなんて、ずいぶん手厳しいスタジオだった。売れないバンドマンが決死の覚悟で通っているというのに。

あのころのことを思いだせば、無意味に空が晴れ渡った日ばかりで、なんだか馬鹿にされているような気分になる。新宿の路上は、こびりついた誰かの痰にまで太陽が照りつけ、いつもギラギラとまぶしかった。

歌舞伎町のはずれ、1時間1000円の格安音楽スタジオに通った。入り口の階段に座る彼にはじめて会ったのは、今から13年前だ。当時よく対バンをしていた後輩のバンドに新しくベーシストとして加入した彼が、初対面の自分に小さく頭を下げた。それは、見ようによってはヤンキーが相手にガンをつけて威嚇するようにも取れる、「リバーシブル挨拶」だった。年上だからといって誰でも先輩だとは思わない。そんな裏の意思を感じさせたけれど、結果的にその挨拶は表だった。今思えば、あの時、彼の先輩になれて本当によかった。

暇さえあれば高円寺に行った。あのころの自分には、人と話すことが金をかけずに楽しめるいちばんの娯楽だった。足の踏み場もなくて、でも気の置けない彼の部屋で、朝方まで本当に色々なことを話した。たわいない話をするうえで気になったのは、彼のその言い間違いだ。

「尾崎さん、よいしょよいしょで大事な場面があるじゃないですか」

うんうん、そうだよね。絶対にここだけは外しちゃいけないぞ。だから気合を入れて、よいしょー。ほら、よいしょーっておい！　といった具合に、要所要所に出てくる、そんな彼の言い間違いが好きだった。

学生時代は筋金入りのヤンキーだったせいか、自分の体でちゃんと痛みを知っていて、だからこそ相手の痛みにはひときわ敏感だったのかもしれない。自分の気持ちを相手に伝えたり、相手の気持ちを自分で受けとめたり、そうやって納得するまで話をするのが好きな彼が好きだった。本は読めないけれど空気が読めて、ガラは悪いけれど頭の回転が良かった。

よく「尾崎さん、このバンドどうですか？」と自分が良いと思った音楽の評価をたずねては、それを褒めると、嬉しそうな顔をした。なぜかこんな自分をとても信頼してくれていて、彼の前ではどうにか「先輩」として振る舞うことができた。

バンド活動が立ちゆかなくなり、もう解散を考えていた時、彼が当時組んでいたスリーピースバンドがサポートメンバーとして助けてくれた。金がないから、歌舞伎町のスタジオで深夜の5時間パックを予約して、料金は彼のバンドと折半で練習をさせてもらっていた。前半は彼のバンドが3人で、後半はそのままそこに合流して朝まで4人で練習をした。そのころには、週の半分近くを高円寺の彼の部屋で過ごすようになっていた。先に寝たほうの寝顔を携帯のカメラで撮れば勝ち。そんな死ぬほどくだらなくて無意味な勝負のせいで、いつも朝になってからすこしだけ寝て、昼過ぎに起きてふらふらになりながらアルバイトに出かけた。バンド活動における人間関係の問題さえなければ、必ず成功するはずなのに。ずっと抱えていた、そんな言い訳めいた悩みがついに解消された。彼とバンドをやっている期間はただただ楽しかった。それと同時に、自分のバンド活動が、彼のバンド活動の妨げになっていることもわかっていた。レコーディングやツアーを経てバンドの状態が良くなればなるほど、いつまでも付き合わせるわけにはいかないと思ってやりきれなくなった。名の知れた大きなイベントに呼ばれた、雑誌に記事が掲載された、発売したCDに手書きのポップがたくさん付いてタワーレコードで大きく展開された、そのどれもが、彼と一緒に手にしたものだった。それを一緒に喜べないことが、申し訳なくて、悔しかった。そのころから、どんどん増えるライブオファーに互いのスケジュールを合わせるのが難しくなった。

あの4人で最後にライブをしたのは大阪のライブハウスだった。フロアにいる人もまばらで、これが東京なら、きっとこんなことにはならないと不満に思った。今思えば、あの時は調子に乗っていた。都合よく利用した結果、何も返せないまま終わる。そう思って、ライブ中は3人のほうをまともに見ることができなかった。節目のライブを終え、涙を流す3人の前で、ただヘラヘラと愛想笑いを浮かべていた。

メジャーデビューが決まって忙しく日々を過ごしながら、ふとした時に、あの大阪でのライブを思いだした。

それから数年後、彼のバンドが解散することになる。解散直前に企画されたイベントに呼んでもらい、ひさしぶりに対バンをした。出番が来てステージに立っても、満員のフロアはまったく盛りあがらない。観客が放つ空気はどこか硬くて、敵対心さえも感じた。普段はその何倍も大きな会場でライブをしているのに、キャパ数百人のライブハウスがとても広く見えた。トリで出てきた彼のバンドがライブをはじめると、観客は大盛りあがり。お前なんかに何がわかる。彼は計り知れない努力を積み上げてここまで来たし、こっちはそれを見てきた。そう観客に言われているようだった。それを見て、悔しかったし、嬉しかった。

それからも、彼はずっと味方でいてくれた。車のフロントガラスにぶらさがるお守りのようにいつでも視界の隅で揺れている、そんな存在だった。そうやって関係性にあぐらをかいて後まわしにしていれば、いつかとんでもない後悔をすることになる。〈失ってはじめて気づく系〉の曲を書くことにもう飽きていたのに、またやってしまった。

ひさしぶりにあのころの仲間達と高円寺に集まり、パル商店街を歩いた。一升瓶片手に酔いつぶれるモヒカンのパンクロッカーがいたライブハウスに代わって、おしゃれなペットショップができている。パンクロッカーはチワワに生まれ変わって、「ここから出せ」とケージの中で自由を叫んでいた。あの店はつぶれた。この店はまだしぶとく残っている。寂しくなったり、嬉しくなったりで忙しい。目印にしていた銭湯の煙突が見えたら左に曲がる。ここから何本先を右だっけ。駅から遠いから、考えたり、思いだしたりする時間がじゅうぶん過ぎるほどにある。見覚えのある車をみつけて、玄関で靴を脱いだ。線香になかなか火がつかない。横でお父さんが見ていて恥ずかしいから、早くついてほしい。まだつかない。やっとついた。手を合わせる。今さらかしこまってお辞儀をしたって、ちゃんと伝わるだろうか。そもそも、いつも伝えられていなかったのに。リビングのソファーで懐かしい話をした。皆、楽しそうに思いだしている。それぞれの間でねじれた記憶を元にもどしたり、またねじったり。そこにいない人のスキマを埋めるように、無理をして大きな声で話した。階段を上がって懐かしい部屋へ。パチンとスイッチを押せば、すこし光って、そっくりそのままあのころの続きがあった。何も変わっていない。あの部屋だ。本当に、恨み言がひとつも出てこない。ただ感謝しかなくてつまらないし、返すものばかりで情けない。もっと話したかったし、もっと遊びたかった。新しい曲を聴かせて、褒めてもらいたかった。またステージ上で獣のようにベースを弾いて暴れる姿を見たかった。夜中に電話で悩みごとを聞いてやりたかったし、聞いてほしかった。カウンターの寿司屋に連れて行って先輩面をしたかった。駅で待ち合わせをして、本当は15分遅れてるのに「ごめん、あと5分だから」って嘘をつきたかった。「やっぱり尾崎さんはすごい」とあそこまで素直に伝えてくれる人は他にいないから、この先やっていけるか不安だ。彼にはまだ先があった、惜しい人を亡くした、そんなことよりも、あんなに強い絶対的な味方がいなくなってただただ心細い。自分のことばかりでつくづく情けない人間だ。でも、それすらもまとめて笑ってほしい。

告別式の時に最後の寝顔を見て、あの死ぬほどくだらなくて無意味な勝負を思いだしたけれど、さすがに写真は撮れなかった。

だから反則負けね。

これからも、よいしょよいしょで化けて出てきてほしい。

いつもありがとう。

小菅エレジー　～こんな男のひとりごと～

よく言えばロンドンみたいで、悪く言えば陰気臭い。小学2年生まで、東京の東、葛飾区小菅に住んでいた。激しく車が行き交う大通りの端、いつも電柱にふさがれた頼りない歩道を進んだのが懐かしい。なぜかあの街の歩道は、妻の実家にいやいや帰省した旦那の肩身ほどにせまかった。だから歩くだけで、車や自転車に対して「へへへ、いやぁ、お義父さん、お義母さん、なんかすんません」という気持ちになる。そんな道を歩いていれば無理もない、物心ついてたった数年で、ずいぶん窮屈な性格になった。今ならば「おいおい、どうしたんだよこの街は。もっと元気出していこうぜ」と街の肩を叩いて鼓舞したりもできるけれど（できないよ……）、当時の自分はまだ小菅以外の街を知らなかった。

トタン屋根の一軒家は傾いて、空っぽの犬小屋にはボロボロの新聞紙が敷き詰められている。金属音が断続的に響く工場では火花が散って、大きく口を開けた倉庫にフォークリフトが吸い込まれていく。「めぐみ公園」は、なんだか昔の女への未練を感じさせる名前だ。そのせいか、公園のベンチはいつも湿っていて、座るたびにズボンが貼りつく。近所では、体に悪そうな毒々しい看板を掲げたピザ屋がいつも辺りに強烈なチーズ臭をまき散らしていた。家と家の距離がやけに近くて、人と人の距離がすこし離れている。そんな街だった。

会計時に「早くよこしな」と言ってしわくちゃの手を差し出す駄菓子屋の店主をはじめ、近隣住民、友達の両親、大人達はそろって冷たかった。誰もが壁を作っているから、言葉を交わすたび耳に嫌な感触が残るし、ちゃんと子供の目を見て話す、そんな当たり前からも大人達は目をそらしていたように思う。

お化けが住んでいると噂されていた家のガラス戸をサッカーボールでぶち抜いたあの日、奥から鬼の形相をしたオバさんが飛び出てきた。なんだ人間がいたのかと安心したのもつかの間、夜になって仕事から帰った父親に鬼の形相で怒られた。奇しくもその日は誕生日で、泣き腫らした顔でめくる誕生日プレゼントのサッカー教則本には、正しいシュートフォームが丁寧なイラストで書かれていた。遅いよ。

蓄膿症の治療のため、母親が運転する自転車の後ろに乗って通っていた隣町の耳鼻科で、はじめて泥棒をした。耳鼻科に着くと、まず本棚に置いてある子供向け雑誌を手に取る。戦隊モノ特集のモノクロページ、その小さな悪役の写真がどうしても欲しくて、病院に行くたびにすこしずつ千切っていた。このページの一部が自分のものになるその日を思えば、怖くて痛い治療にも耐えることができた。だからいつも、正義のヒーローではなく、悪役のほうに救ってもらっていた。圧倒的な強さで、毎回安定して相手をねじ伏せるヒーローよりも、たった一回きり、いいところまで追いつめたあげくやられてしまう悪役のほうがずっと信用できた。そうやってヒーローよりも悪役に感情移入するクセは、いまだに直っていない。

休日の昼間、耳障りな掃除機の音がうるさい。部屋のあちこちでホコリが舞っている。首をまわして目を凝らせば、そこに何か生き物の気配さえ感じた。手で触っても揺れるだけで、一向につかめないそれは、ベランダから射す光で線になる。その線をたどれば、タンスに貼ったけろけろけろっぴのシールがキラキラ光っている。けろけろっぴの目は大きくて、マキちゃんと正反対だ。

「マキちゃんが好きで、もう結婚の約束もしている」そう家族に打ち明けてからほどなくして、『マキちゃんの紹介』は誕生した。

〈マキちゃんの～♪　紹介で～♪　小菅の保育園にゆきました～♪〉

ことあるごとに作者である父親が口ずさんだのは、力士と並行して歌手活動も行っていた増位山太志郎によるヒット曲『そんな女のひとりごと』の替え歌だ。

〈真樹さんの〜♪　紹介で〜♪　あなたの隣りに坐ったの〜♪〉

スナックにおける悲喜こもごもを新米ホステスの視点でつづったこの曲を元にした、息子が小菅の保育園で出会った初恋の女、マキちゃんのテーマソングである。歌詞に多少強引な点はあれど、その味わい深いメロディーと「マキちゃん」というフレーズを聴くたび、いつも体の奥が熱くなった。笑うと線になる目、スキマの空いた前歯とおかっぱ頭、そんなマキちゃんが大好きだった。

ある日、家族で行った近所のデニーズで、レジ前にプラスチックケースに入ったおもちゃの指輪がならんでいるのをみつけた。子供の口約束にはしたくない。マキちゃんは不安で仕方がないだろう。彼女への気持ちを形あるものにして、早く安心させたい。そんな想いを聞いた両親は、おもちゃの指輪を買ってくれた。しかし、喜びもつかの間、これでマキちゃんとの約束を果たせるという気持ちを、せっかく買ってもらった指輪を手離したくないという気持ちが上回った。当時、謎の奇病「なんか買ってほしい病」にかかっていて、それはそれは大変だった。食事に出かけたファミリーレストランで。街中のおもちゃ屋で。こんなとこにいるはずもないのに。山崎まさよしばりに、いたるところで、なんか買ってもらえそうなものを探していた。だからこそ、手にしてすぐに失うということが耐えがたい苦痛だった。これからまた、明け方の桜木町で君を探す日々がはじまるのかと思うと、どんよりした。

翌日、保育園に向かう足取りは重い。ポケットの中で音を立てるプラスチックケースがいじらしくて、愛しくて仕方がない。そんな気持ちをよそに、「マキちゃん喜ぶだろうね」と横から母親が煽ってくる。ポケットの底をなでれば、つるんとした感触が気持ち良い。カタカタカタカタカタ。一歩踏みしめるたび、ポケットの内側で指輪が入ったプラスチックケースが太ももに当たる音がする。これは指輪が震えているんだ。あー、かわいそうに。守ってあげたい。そして無事に守りきったあかつきには、そっと薄手のブランケットでもかけて「がんばったね」とねぎらいたい。今やもう、自分にとってのマキちゃんは、宝物を奪おうとするハゲタカだった。なるほど、あの目は獲物を狙う悪い目だったのか。そう言えば、まだマキちゃんのほんとうの目を見たことがない。ただ目が細いだけだとばかり思っていたけれど、本性を隠していたのか。もう、あの野郎だけは絶対に許さない。来るべき対ハゲタカ戦に向け、奥歯を嚙みしめ、保育園の前で息を整えた。

〈マキちゃんの～♪　紹介で～♪　小菅の保育園にゆきました～♪〉

笑顔で駆けよってきたマキちゃんに、「指輪買ってきたよ」と伝える。そこまで見届けた母親は、別れ際に「いけるいける」という視線を飛ばしてまた煽ってくる。

マキちゃんに渡すために買ってもらった指輪をマキちゃんに渡すために、マキちゃんを呼びだした。ただ計画通り順調に進む出来事に、なぜこんなにも心がかき乱されるのか。とにかく、指輪が惜しい。目の前で頬を染め、期待に胸を膨らませるマキちゃんは、なんて醜いんだろう。愛した女はもう、パンパンに膨らんだ欲望の風船に成り果ててしまった。ここまで来れば、もはやハゲタカですらない。化け物だ。まずは、この化け物をどうやって人間にもどすかを考えなければ。マキちゃん、かわいそうに。これもすべて指輪のせいだ。この指輪があるからこんなことになったんだ。マキちゃんの期待は今にもはち切れんばかり、限界にまで達している。よし。マキちゃん、今すぐ元にもどしてやるからな。ポケットから取り出したプラスチックケースを差し出す。マキちゃんが目を見開いた。はじめてちゃんと見たマキちゃんの目はとても綺麗で、ケースから出した指輪をはめてやると嬉しそうに笑った。

「はい、じゃあ返して」

そう言って指輪をはずす。罪悪感から閉じていた目を開くと、目の前には呆然と立ちつくすマキちゃんがいた。恋とか愛とか、目に見えない曖昧なものより、ちゃんと目に見えて触れるものを選んだ。初恋と引き換えに手に入れたおもちゃの指輪は、やけに眩しくて、それが恥ずかしかった。

あだ名が「生ゴミ」だった近所のお兄さん。いつも鼻くそが溜まっていたノブオの鼻。けんちゃんの歯茎。優しかったヒロキの声。一度埋めたのに、寂しくなってまたすぐに掘り返した金魚。すこしだけ一緒に暮らしたあの迷い猫。あの場所で見たもの、感じたことが、絶妙な疼きとして今も残っている。ひさしぶりに思いだして愛しくなった。小学2年生まで、落として割れたゲームボーイの液晶画面みたいな街、葛飾区小菅に住んでいた。

尾崎、秋の本まつり

季節はもうすっかり秋で、秋といえば読書だ。夏が忘れていった熱を冷ますかのように、吹き抜ける風がまだ見ぬ物語のページをめくる読書の秋。それを夢中で追いかけているうちに、季節はもうすっかり冬に。はぁ？　読書の秋だと？　馬鹿もちゃんと章立てて、休み休み言ってくれ。本なんて、365日、いつだって好きな時に読むわ。どうして秋だけ読書を推奨するんだろう。なんかこの季節ちょっと弱いから、ここはとりあえず読書でも当てて、ちょっと様子を見ときますか。そんなつなぎ感が透けて見える。

それを言うなら、パンだってそう。山崎さんだって似たようなことをやってる。春に祭りを催すけれど、パンだって毎日のように食べているじゃないか。そう思う方もいるでしょう。でもね、山崎さんはね、365日パンに本気で向き合って、やることやったうえでの「春のパンまつり」なの。基本的な生地をガッチガチに固めたうえでの、さらなる高みを目指しての祭りなの。くだらないことでコネてる暇があったらシールでも集めとけ！　お皿がもらえるよ（校閲さん、ここはゴネてるをパンにかけて、敢えてコネてるにしています。だから間違いではありません。美味しい所です！）。

暖かい春だって、暑い夏だって、寒い冬だって、本はいつだって寄り添ってくれる。たった数ヵ月間つまみ食い感覚で読まれたって、こっちは商売上がったりなんだよ。本は毎日刊行されているし、書店だって毎日営業している。『ダ・ヴィンチ』だって毎月出ているじゃないか。秋だけ集中的に読書されたらな、こっちはもう、商売上がったりなんだよ。

学校では読書感想文や朝の10分間読書、会社では上司からの「とにかく本を読みなさい」というモジハラ、とにかくもう、読書を強要しないでほしい。本を読む前に、空気を読め！

ダ・ヴィンチさん、私が代わりに言っておきましたよ。

まえおきが長くなりましたが、今回は本について書いていきたいと思います。だって、読書の秋だから。

幼少期から、本はとても身近な存在だった。あのころはどうかしていて、いつでも親に何か買ってほしかった。出先で親に何か買ってもらえるということは、その時の自分を認めてもらうということだった。だから、値段の付いた物は何でも狙っていた。読書好きの父親は本であれば比較的すんなり買い与えてくれたため、本を好きになる努力をした。

買ってもらった真新しい本を開く。文字を目で追いかけながら、音読して口から吐き出す。右から左へ向かって、行き止まればまためくる。まずはじめに、読み終えたページが指先でプップッと弾ける音を好きになった。それから本自体を好きになるまでに、そう時間はかからなかった。読み終えた後は、毎回見知らぬ場所へ連れて行かれて置き去りにされるような心細さと、それでもそこからたった1人で帰る力、その両方を得ることができた。

本当に面白い本は、読み終えてしまったことが寂しくて、奥付までじっくり読んだ。著者名、発行者名、発行元の住所、印刷所名まで読み尽くした時、本当に終わりだと、いよいよ観念する。そうやって次を求めて、置いて行かれて、また次を求める。気がつけば、物語を追っているようで、もういつの間にか追い越していた。

時間が経つにつれて、読む物も児童書から小説になっていった。そのころにはもう、出先で何か買ってもらえなくても、親はいつだって自分を認めてくれていると知っていた。

読書にのめり込めばのめり込むほど、重力で体ものめり込んで、本を読む時の体勢の定まらなさに悩まされるようになった。椅子に座ってのめり込めば腰がめり込む。仰向けでのめり込めば背中がめり込む。うつ伏せでのめり込めば両肘がめり込む。とにかく、痛い。でも、その関節の痛みこそが、読んだ、と思わせてくれる。だからいつも、体が痛くなるような本を探している。

書店で見つけるまではあんなに目をひいておいて、家に連れ帰って帯を外した途端、なんだか急にしおらしくなる。本のそんなところも好きだ。

帯に隠されていた広々としたスペースに印刷されている出版社名が、あっ、こんな所にホクロあったんだという具合にちょこんと所在なげなのも良い。

そして中を開けば、どの本もほとんどが同じ作りだ。紙の上に文字が印刷されているだけ。その公平さも好きだ。テロップや効果音もない、淡々と静かな文字の羅列の上に、自分だけの感情を乗せることができる。白米の上に納豆や明太子を乗せる瞬間みたいな、あのグッドモーニング感よ。

そして納豆や明太子に触れた白米のように、読んだ本には、読んだその人が染みついていると思う。そのせいか、昔から人に借りた本をすぐに読みだせない。貸してもらえてとてもありがたいのに、靴や歯ブラシのような、その人の「使用済み感」にどこか気後れする。次に会った時「あの本どうだった」と聞かれないよう、話題を本から遠ざけるのがいつも面倒だ。でも、ついつい自分もそれをやってしまう。家に招いた友人に、毎回お土産に本を貸したくなるのはなぜだろう。あの謎の衝動が怖い。

本に出会う場所も状況も、実に様々だ。新刊書店は煌びやかで魅力的な分、当然値が張る。散々迷ってやっと選んだ一冊を手に、いつもまるで、花魁を身請けするほどの決意でレジまで向かったのが懐かしい。家に帰って勢いよく色鮮やかな帯を外すと、そこにはやっぱり例の所在なげなホクロがあった。それに対して、古本屋には独特の緊張感がある。一度捨てられて、傷を負った紙のにおい。軽く触れただけでしばらく手に残るあの寂しいにおいは、本の加齢臭だ。全品100円のワゴンから起死回生の一冊を選ぼうと伸ばす左手には、いつもそんな臭いが宿っていた。そうして古本を買っても、やっぱりなかなか読みだせない。友人ならまだしも、どこの誰かもわからない他人の「使用済み感」はやっぱり耐え難くて、100円の本しか買えないくせに、どうせ100円だと思って放置してしまう。

そして最後に、図書館は病院のようだ。決して新しくはないけれど、重厚な本棚に収められた本からは薬品みたいなにおいがするし、静かな館内に時折響く乾いた咳も相まってそう思う。あのころ「無料」は宇宙だった。ふだん「有料」に縛りつけられていたせいか、「無料」にこそ戸惑った。

そんな宇宙で、あっちへこっちへ、ふらふらしながら処本箋を求めた（校閲さん、ここは処方箋を、本にかけて敢えて処本箋にしています。だから間違いではないし、後からしっかり効いてくる箇所です）。

書くのはこんなにも大変なのに、読むのはあんなにも一瞬だ。たとえ時間をかけて貯めた金でも、一瞬で使い切ってしまえるのと同じように。

個人的には、いつだってなんでもない物語に救われてきた。「で？」と言われればそれまでな物語に、自分自身を重ね合わせてここまで来た。記憶も無くさないし、タイムリープもしない。どの臓器も至って元気な主人公ばかり追いかけてきた。

こんなことを言っても、「で？」と言われるだろうけれど。

さーて今月のオザキさんは、「顔は、顔だけはやめて」「ワーキングホリディ」「参るが溜まる」の3本立てでお送りします

テレビに出ると、「不細工で気持ち悪い」「犯罪者みたい」「とにかく不快だ」などと批判を受ける。そのなかで特に目を引くのが、「コイツ、なんか殴りたくなる顔をしてる」だ。

「顔は、顔だけはやめて」

ふと気になり「なんか殴りたくなる顔」とはどんなものか、鏡をのぞき込んで確かめてみた。殴るどころか、そっとブランケットをかけて保護してあげたくなった。もうすでにボロボロの状態なのに、これを殴りたくなるなんて、一体どんな神経をしているんだろう。

でも、この「なんか殴りたくなる糞みたいな意見」にこそ答えがある気がして、じっくり考えてみた。まずはこの問題を格闘技に当てはめてみる。勝負しているか、し

ていないか、そこが分かれ目になるとすれば、弱いくせにファイティングポーズを取るなということなのかもしれない。普通に生活していれば嫌でも鏡を見る機会はあるし、自分の顔の切なさは十分理解しているつもりだ。だから人前に出る時は、そんな切ない顔に見合った発言や仕草を心掛けているのに、なぜ文句を言われるのか。

それは、リングに上がってしまっているからだろう。そして、上がったら上がったで、無意識のうちについ顔の前で拳を握り、リズミカルに体を揺らしてしまってるんだろう。これはとても恥ずかしい。

発言の内容が気に入らないと言われる分にはまだいい。自分が放ったパンチが当たらなかったのだと、ちゃんと納得ができる。でも、顔が気に入らないと言われても、なんだか腑に落ちない。

対戦相手から、お前の付けているグローブのメーカーが気に入らないと文句を言われたって、ただ困るだけだろう。

こうやって書いてしまえば、いくらか気持ちも楽になる。そのまま自陣のコーナーポストへ逃げようとすると、また自虐か、そんなこと言わないで、じゃあそんなあんたを好きなこの気持ちはどうなるんだと、セコンドのファンに背中を叩かれリング中央に押しもどされる。こっちはもう殴られたくないのに。ただ、それだって理解できる。バンドを率いるフロントマンからある程度の闘志が感じられなければ、ファンだってついていく気にはならないはずだ。

だから、どっちに振り切ればいいのか迷いながらも、やっぱりパンチを打ち続けてしまう。殴られる痛みがあるからこそ、当たった喜びがある。完全防備で、ふっかふかのヘッドギアを付けた匿名の絶対王者には決してわからないだろうけれど。それにしても、実体の無い腰抜けのパンチほどかえってよく効くから困る。

そもそも容姿が整っている人は、他人の容姿に口を出したりなどしないはずだ。と言うことは、もしかしてあなたも。そうか、それは大変だ。心中、いや、顔中お察しします。これからは仲間として、高校野球で母校を応援するような温かい眼差しを向けてほしいものです。

「ワーキングホリデイ」

インタビューを受けていて、「休みはありますか？　もしも休みがあったらしたいことは何ですか？」という質問に口籠るようになったのはいつからだろう。毎日休まず仕事をしているけれど、胸を張って「休みは無いです」と言うことに気がひけてしまう。お前、仕事って言ったって、やりたいことを目一杯楽しんでいるだけじゃないか。そう思われているような気がして不安になるけれど、その通りだ。すごく楽しい。今現在、好きなことを仕事にしている。それで生活ができて、恵まれているし、とても幸せだ。

日曜日の夜に『サザエさん』を見ても落ち込まなくなった時、やりたいことが仕事になったんだと強く実感した。金曜日の夜、マスオさん（いや、あの人の苦労もわかっています。あれはあれで大変ですよね）のようにヘラヘラしていると、あっという間に時間は過ぎる。明日からまたやってくる平日は、波平のように絶対的で、一瞬で現実に引きもどされてしまう。でもいつしか、そんな磯野家を飛び出して、「おーい野球しようぜ」と中島くんのような距離感で日曜日と向き合えるようになった。

好きなことをやれているからこそ、何が休みか見失う。いつもこのうえなく疲れているのに、いつもこのうえなく面白い。

だから、どこでどうやって休めば良いかよくわからなくなってしまった。

「仕事」に「趣味」がくっついて、剝がしても、粗悪なシールみたいに跡が残ってベタベタしている。

昔から、バイト先で多少仕事ができるからといってはしゃいでる人をあんなに見下していたのに。きっとあれだって、これと同じ原理だ。

「あっ、私が代わりに出ますよ！　全然大丈夫です。もう、仕事してるほうが楽なんで。止まっちゃうと逆に疲れちゃうっていうか……きっと、前世マグロなんです（笑）。止まったら死んじゃうし。未来の松方弘樹に釣り上げてもらうまで、私はこの海を泳ぎ続けますから」

なんて言っている人と大して変わらない。

旅行をして何かインプットする。大きな買い物をしてストレスを発散する。そのどちらにも消極的だ。飲み屋で「海外行ったら何か変わるよ」と言われ、明日にでもパスポートを取りに行くと息まいて寝ても、目が覚めると気持ちまで冷めている。何も変わらなくていい。今のままがいい。買い物に出かけても、何も見つからない。とにかく、欲しい物が欲しい。調子に乗っていると思われるのを恐れず書くと、とにかく仕事が楽しい。

この仕事を絶対に手放したくない。好きなことを仕事にするのは、仕事と同棲するようなもので、そんな日々の中で仕事のすっぴんを見てしまう瞬間もままある。でも、その顔が、たまらなくいい。

珍しくやけに前向きだ。躓いて転んでしまいそうで、書いていて怖い。もう首が疲れてきたから、そろそろうつむきたい。

「参るが溜まる」

飛行機に乗るのは疲れる。空港の外観は、人を寄せつけない、どこか冷えた空気を放っているのに、1歩足を踏み入れると四方八方から人がやって来るから避けるのに忙しい。

避けながら、子供のころ空港で大きなペロペロキャンディを舐めていたら、オバさんの大群に飲み込まれた時のことを思いだした。オバさんの群れが去った後、コートの毛にまみれたペロペロキャンディを見て泣いた記憶が鮮明に蘇る。

搭乗手続きを済ませて、手荷物検査の列に並ぶ。身ぐるみ剝がされてせっかく軽くなったところに、またすぐもどってくる荷物が鬱陶しい。電車や新幹線と違って、飛行機に乗る際は常に余裕を持った行動を強いられるから気が抜けない。搭乗ゲートの近くに座って、アナウンスに耳を光らせ、出発時刻を待つ。そして機内へ。座席を目指して細い通路を進むけれど、収納棚にスーツケースを押し込む人が行く手を阻む。

どうにか席に座り、離陸を待つ。救命胴衣の使い方を説明する機内アナウンスは、子供の泣き声に遮られる。

「ゴム紐を引っ張りギャーした後は、しっかりギャーにもどして、ギャーしましょう」

まったくわからない。もしもの場合、ちゃんと救命胴衣を使いこなせるか不安だ。

そして嫌な予感は的中し、気流の関係で機体が大きく揺れる。

「この先、気流の関係で揺れますが、飛行には何の影響もございません」

そんなアナウンスが、何かを隠しながら取り繕っているようで、また一段と不安にさせる。

「揺れに揺れて、視界も悪くて、それなりに不安要素はあります。でもそこは、長年培った技術でなんとか切り抜けてみせますんで。窓から外を見てください。遥か下方に霧で霞んだ陸が見えますよね。もう後もどりはできないんです。皆さんも、霧だけにモヤモヤするでしょうが、どうか私たちを信じてください」

いっそこれくらいのほうが気持ち良い（それはそれで怖いだろ）。

着陸時の「ドーン」という音と共に、これまで溜めた「参る」がどっと出て、空を飛ぶのは本当に疲れると実感する。

降りる時は収納棚からスーツケースを出す人に行く手を阻まれ、やっと外に出たら、雨が降っている。離陸前のアナウンスでも、そう言っていた気がする。結局、アナウンスなんてまともに聞いていなかったんだ。そして、どこからかまた子供の泣き声が聞こえてくる。

想像を超える速さで移動するためには、このように、それなりに犠牲にするものがある。ならば、それと引き換えに手にした時間で何ができるか。

そうだ、その時間で執筆をして、締め切りを守ろう。

ダ・ヴィンチ編集部の皆さん、いつもいつも本当にごめんなさい。

なんだこれ！

平日の昼さがり、なんとなくつけっぱなしにしていたテレビから『徹子の部屋』が流れていた。ゲストの退屈な自慢話にうんざりしていると、その時一緒だった女子が、ふいにズボンの辺りに顔を埋めてきた。その後も、何度か様子をうかがうように鼻先でノックしてくる。あー、この怠惰な流れがいかにもバンドマンっぽくて恥ずかしい。そう思いながらも、まったく嫌ではない。そのままなんとなくエロい雰囲気になって、なんとなくエロいことがはじまった（えっ！　あーた、お昼からそんなことを？）。そんなこんなで、俺の徹子が、彼女の部屋にお邪魔した。まー、あったかい。居心地が良くて、ついついくつろいでしまう。もうすっかり、さっきまで見ていたテレビのことも忘れている。じゃあそろそろおいとましようかしらというタイミングになって、なんだか嫌な予感がした。

アレが同時な気がする。案の定、つけっぱなしのテレビから終わりの気配が漂ってくる。徹子さんが明らかに話をまとめようとしているのがわかる。こちらのフィニッシュと番組のフィニッシュが重なるのは、なんか嫌だ。かと言って、彼女に動きを止めてくれとお願いするわけにもいかない。そんなことはつゆ知らず、徹子さんも彼女も、猛然と口を動かしている。どうしようか悩む。でも、やっぱり同じタイミングは避けたい。徹子の部屋、早く終われ。俺の徹子がんばれ、耐えろ。

あっ。

「ルールルッルルルルールルッルールルッルルルールルッ」

やっぱり同時だった。気の抜けたエンディングテーマが、気の抜けた体に染みる。まるで徹子さんに見られているようだ。気まずさのなか、ゆっくり目を閉じた。これぞまさに、徹子のフェ◯！

「最後に乾杯、どうもどうもどうもー」という徹子さんの陽気な声と共に、グラスが「チン」と鳴って番組は終わった。

なんだこれ！

手紙　一

ひさしぶりと言えるほどまだ時間は経っていない。今までこんなふうに手紙を書いたことがないから、なかなか距離感が掴めなくて困る。距離と言えば、今日はずいぶん長く歩いた。凄く嬉しいことがあったから。でも、凄く嫌なことがあった時にも歩きたくなるから、結局いつも歩いてる。そのせいで、靴がどんどんすり減ってしまう。

今日はそんなに寒くなくて、風も強くなくて、歩くのにちょうど良かった。ちょうど良いなんていうことは本当に珍しくて、いつも必ずどこかしらズレてる。だから、たまにちょうど良い時は、本当に嬉しい。

最近やっと名前を覚えた大きな通りをまっすぐ進む。突き当たりを曲がれば、家からいちばん近いコンビニの明かりが見える。その明かりを遠くに見つけた時の安心感は、小さいころにあなたの横で寝ていた時の安心感に似てる。あの日もそうだ。前の日に寝不足で、ちょうど空いていた病室の隣のベッドで寝てしまった。ライブの打ち上げにいた頭の悪い女の話。揉めたレコード会社から勝手に発売された訳のわからないCDの話。いろいろ話したいことがあったけれど、そんなことを話してる時間が惜しかったし、そんなことを言うもんじゃないって怒られそうだったからやめた。

この前、パーマをかけた。でも誰も気づいてくれなくて、せっかくあんなに長い時間をかけたのに悔しい。それなりの覚悟をもってパーマ液を受け入れたのに。あまりにも悔しくて、洗面所の鏡とかコンビニの商品棚とか、エスカレーターとかエレベーターとか、自分が映る場所はもう全部見てる。かかってるんだけどな。どこからどう見ても、かかってるのに。今度あなたに見てほしいけど、もう無理そうで、なによりそれがいちばん悔しい。

そういえば、お通夜の時にクリープハイプの曲をかけるって聞いたから、慌てて涼介に電話して、変な歌詞の曲は流さないようにしてくれって頼んだんだよ。

告別式へ向かう途中に、空港で写真を撮ってほしいと言われた。でも、迎えに来てくれた雄一君と合流するために電話をかけてたし、どうするかしばらく悩んだ。そしたらなぜか相手は怪訝そうな顔をしていて、それですぐに気づいたんだけど、その人達は坂本龍馬像の前で記念撮影をしたくて、ただカメラのシャッターを押して欲しかったみたい。恥ずかしくて、そのままもう1回飛行機に乗って東京へ帰りたくなった。でも電話をかけてる人間に写真を撮ってくれって頼むのもおかしいから、どっちもどっちだ。

谷山さんがまた焼酎をくれた。いつも気を使ってくれてありがたい。また喫茶店に連れて行ってくださいと言ったら、いつでもいいよと笑ってくれた。一緒に病院へ行く時、いつもどこかに遊びに行くような感じで予定を合わせてたみたいだけど、それがなんか羨ましい。年を重ねてもそんな友達がいたら幸せだろうな。

ずいぶん昔、一度だけ2人でバスに乗った時、目的地に着くまで何も喋らなかったことを時々思い出して後悔してる。あの時のぶんも、今話せたらいいのに。

最後にお見舞いに行ったあの日、病室のベッドで「武道館まであともうすこしなのにな」って言った時の顔がどうしても忘れられない。本当に悔しそうで、悲しそうだった。そして、あんな顔をさせてしまうほどに大きな事なんだと思った。「武道館はゴールじゃない、通過点だ」とかふざけたこと言ってる場合じゃないよな。死に物狂いでやる。あ、死んじゃダメか。

CDを買いに行った時「私ファンなんです、お孫さん凄いですね」って言ってくれた店員さんも、手術中にたまたまクリープハイプのCDを流してた看護師さんも、リハビリ中にその看護師さんとクリープハイプの話をしている時に「私もファンなんです」って声をかけてくれた研修中の学生さんも、みんな抱きしめたい。恥ずかしくて、どうせあなたにはできないんだし。

最後に。

入院するすこし前に、中水道から帯屋町まで歩いて、俺が載ってる雑誌を買いに行ってくれたと聞いてびっくりした。ありがとうね。

それだけ歩けたら、もうその勢いで東京まで来れるかもしれないよ。
武道館で待ってる。

手紙　二

駅前の飲食店へ。

私は心配している。世代交代と呼ぶには余りにも激しいそれに戸惑っている。世代交代というより衣替えか、天丼の店だけに。冗談はさておき、どうしたんだろう。どうしてあんなことになっているんだろう。確かに、前々から他店舗に比べ、従業員の連携がうまく取れていない印象はあった。そして今回、あの惨状を目の当たりにして、もう居ても立っても居られず、こうして文字を打ち込んでいる。打ち込んでいるというより、落ち込んでいる。なんとかしなければ。今ならまだ間に合うはずだ。

夕方になり、すこし混雑しはじめた店内を見まわす。テーブル席はほぼ埋まっていて、仕方なくカウンター席に座った。カウンターの向こうでは、髪の右側を刈り上げた色黒で眉毛の無い女性店員が、色白で気の弱そうな研修中の男性店員に強いプレッシャーをかけている。さっきから自分が頼んだ天丼が出てくる気配が一向にないのも、きっとこれに関係しているんだろう。

陽気な店内BGMにかき消され、2人の会話の内容までは聞こえてこない。でも、研修中の男性店員の引きつった表情を見ていれば、刈り上げの女性店員がどんなことを言っているのかは大体見当がついた。

刈り上げの女性店員の勢いに押しつぶされそうな研修中の男性店員。きっと今頃、面接時に提出した履歴書の長所を書く欄に「誰とでもすぐに仲良くなれる所」と記入したのを後悔しているかもしれない。

天ぷらみたいに、もっとカラッとした気持ちの良い人間関係を見せてほしい。冗談はさておき厨房の奥のおじさん、あなたがもっとしっかりしていれば、こんなことにはなっていないだろう。ヘラヘラしながら、周りの不穏な空気もおかまいなしに、天ぷらを揚げ続けるおじさん。前線で起きている出来事をしっかり把握した上で、的確な指示を出し、自分が揚げた天ぷらが丼の上に乗るまでがあなたの仕事でしょう。

いつまで経っても自分の席には天丼が来ない。やっと来たかと思ったら、違う席の天丼だ。そして今度こそ、と思ったらまた違う。いくらなんでもこれはそう。そうに違いないと思っても、また違う。

そういうことですか。天丼ってそっちの？　違う違う、そっちじゃない。もう我慢できない。さっきから、視界の隅に申し訳なさそうに置かれている味噌汁が気になる。これは間違いなく俺の味噌汁で、もうずいぶん前からそこにある。

おそらく他店舗から応援に来たのであろう、大人しそうな女性店員が困っている。彼女が刈り上げの女性店員に天丼の催促をすることができず、先に用意してしまった味噌汁をどうしていいか迷った挙げ句、カウンター裏の死角に隠すのを見てしまった。

それも仕方ない。勝手のわからない他店舗に応援で来ている彼女が「今日はよろしくお願いします」と頭を下げた時、刈り上げの女性店員がとったあの冷たい態度は、天丼の催促をためらう理由として十分過ぎる。

入店時に、ちょうどその場面を見てしまった。

どうにかして、あの刈り上げの女性店員を止めなければ。刈り上げの女性店員をこのまま野放しにしておくわけにはいかない。

刈り上げの女性店員は、一体何があってこんなことになってしまったんだろう。今一度、研修中のあのころを思いだしてほしい。ひたむきに、ただまっすぐに、出来上がった料理を、出来立ての熱い味噌汁と共にお客さんのもとへ運んでいたあのころを。

もう、こうなってしまったのはしょうがない。ただ、今ならまだ引き返せる。面接時に提出した履歴書の長所を書く欄に記入した、「人との繫がりを大事に出来る所」を、今こそ見せてもらおうじゃないか。

ほら、繫がってください。

そんなことを考えながら、ふいに刈り上げの女性店員の名札を見て驚いた。そこには、「研修中」と書かれている。

刈り上げの女性店員、研修中だったんだ。

もうどうしていいかわからなくて、とりあえず、冷たくなった味噌汁でいいから啜りたい。

手紙　三

このホテルの部屋は、よく見ると汚れてる所がいくつもあって、とても狭い。ベッドの上に座り、生温いコーヒーを飲みながらテレビを見ている。

くだらないバラエティー番組だ。くだらないって言うお前がくだらないね。お前もな。こうやっておかしなフリをしていると楽だ。楽というのは疲れないということ。それはとても大事だ。なぜなら今、とっても疲れていて、もうこれ以上は疲れたくないから。今回は誰に宛てた手紙にしようか。もう書く相手もいなくなった。そもそも書いてないじゃないか。打ってるだろう。だろうが。やっぱり、だろうがの方がグッと押し込む感じがして良い。そう言えばこの前、携帯を新幹線に置き忘れたんだけど、あれには困った。携帯が無いだけで、もうどうしていいかわからなくて、何もできなくなってしまった。普段からいかに携帯に縛られた生活をしているのかを、改めて実感させられた。まるで携帯に亀甲縛りされてるみたい。そんなことはどうだっていい。

そもそもお前が使っているのは携帯じゃなくて、携帯電話だろう。最後までしっかり伝えなさい。あれか。プロ野球を観に行っても応援してるチームが負けてたら、帰りの電車がとか言って、最終回の攻撃を観ずに帰るタイプの人間か。確かにその方が帰りも空いてるよ。でも、あれは観ないと駄目だ。せっかく球場まで来たんだから、せめて1点でも返してほしい。最後に意地を見せてほしい。そんなこっちの勝手な気持ちを無視して、息をするように三者凡退で試合が終わる。最後に打ちあがったセカンドフライかなんかが野手のグラブに収まるあの瞬間、湧き上がる反対側のスタンドを呆然と眺める。それが、それこそがいいんじゃないか。同時に吐いたあの溜め息の感じ、あれくらいさり気なくケーキに刺さったローソクの火を消せたらグッドだ。それと、もっと言えば、携帯電話じゃないだろう。お前が使っているのはスマホじゃないか。もっともっと言えば、スマートフォンなんだから、スマフォだろう。なんて言いたい気持ちと一緒に生温いコーヒーを飲み干した。干してきた。干したままだった。5日前に東京を出てからずっと、風呂場に大量の洗濯物を干したままにしていることを、今思いだした。ひさしぶりに家に帰る。さぁ風呂にでも入ろうか。やっぱり我が家の風呂がいちばん。扉を開けた瞬間、視界に洗濯物がドーンと飛び込んでくる。それで、幼少期に動物園で見た孔雀を思いだす。なんだかよくわからない色とりどりの模様が一気に飛び込んでくるのが、とってもよく似ていたから。動物園には臭い風が吹いていて、全体にモヤがかかっている。休日だというのに園内は閑散としていて、動物達は体のどこかに痛みでも抱えているのか、うつむいてゆっくり歩く。売店の店員は、それと対照的に元気な声を張り上げている。何かがバレないように、うまく誤魔化すために、必死になって声を張り上げる。年配の飼育員は、もううんざりしている。それでも餌の入ったバケツが指に食い込んでいる時だけは、希望というか、安心感のようなものがあった。なんとも言えない気持ちのまま、なんとも言えない動物園で見たあの孔雀の羽を取り込んだ。畳みもせずそのまま棚に押し込む。孔雀の羽っていうのは、丸まって捻れたシャツ、パンツ、靴下、枕カバーのことだ。敢えてそれらを孔雀の羽と表現した。時々こうやって、ちゃんと伝わっているか不安になったりする。

このホテルの部屋は、よく見ると汚れてる所がいくつもあって、とても狭い。ベッドの上に座り、生温いコーヒーを飲みながらテレビを見ている。

この感じだときっと、ユニットバスのシャワーカーテンから生乾きの臭いがするだろうとか、そんなことを考えながら、真っ暗なテレビ画面に映る自分の馬鹿面をじっと見てる。

先週圏外から一気にランクアップ、今週の第1位は尾崎世界観の「風邪をひいた時だけ人に優しくなれるのはなぜ？」です

毎年11月後半になると街が年末くさくなる。誰もが忙しそうに、見えてきたゴールに向かってラストスパートをかけるあの感じについていけない。ニュースだって今年を振り返るランキングの話題で持ちきりで、実に年末くさい。1位から順にランク付けをしていって、キリのいいところで打ち切られてしまうから、来年へ向けて清々しい気持ちでいられるのは、ランキングに入ったほんの一握りだけだ。じゃあ、そのランキングから漏れたものは一体どうなるんだろう。圏外には悔しさすら与えられないのか。圏外には圏外の結果があるのに。『ダ・ヴィンチ』でもぜひそういった特集、「BOOK OF THE 嫌ー！」をやってもらえないだろうか。そうやって今年の裾をつかんで、いつまでも往生際悪くぶらさがっている自分が恥ずかしい。どの年の年末にも、大掃除では拭き取れない頑固な油汚れがある。2018年には2017年の、2017年には2016年の、それぞれ諦めきれなかった前年の自分がいる。こ

うして考えてみると、普段からいかに数字に縛られて生きているかがわかる。24位になれば24位の、58位になれば58位の、179位になれば179位の、順位に見合った生き方をしてしまうのが情けない。それなのに、縛りの無い圏外の生き方は、プライドが許さないから困る。

そんな年末くさい街を今日も歩く。

小雨に濡れて待つこと数分、暗がりで見慣れた人影が手をあげる。ひさしぶりに会った市川君は、開口いちばん「尾崎、俺、ハゲちゃったよ」と言った。それは、会わない間に身の回りで起きた変化の中で、彼がいちばん気にしていることだと思われる。その発言から、彼自身の防衛本能はもちろんのこと、相手への配慮も感じる。お化け屋敷が苦手な人のために、お化けが入り口の外で待っていてくれる。そんな後ろめたい優しさだ。

だからその言葉を聞いた瞬間、なんとも言えない気持ちになった。でも、なんとも言えないその気持ちが何かを突きとめるのが仕事だと思っているので、どうにかして書きたい。思えば、この「なんとも言えない」を確かめたくて表現をしている。なぜ。どうして。それは、髪のみぞ知る！

1984年生まれの34歳、同じ時代を生きてきた市川君とは小学校の同級生だ。あれはまだ低学年のころのある日、クラスのリーダー的存在だった彼が、葉っぱに付いたカタツムリの卵を食えと詰め寄ってきた。それは学校だけでなく、互いの両親まで巻き込んだ大問題となり、このことがきっかけで急接近する。それからも付かず離れず、高校時代には一緒にバンドを組むことになる。

スタジオ練習に遅刻してくるのはまだ良い方で、来ないことだって珍しくなかった。そんな時はまっさきに、近所のパチンコ屋へ彼を探しに行った。僅かな確率に賭けて夢を追うという点では似ているけれど、ただ座りながら叶えても価値が無い。だからどうしても、彼がパチンコ屋に通う意味がわからなかった。

そしてついに、ライブ当日、彼はライブハウスに来なかった。それが原因でバンドから脱退したのに、なぜかいまだにライブを観に来ては、新曲のアレンジにまで口を出してくる。サビの歌詞が〈連れて行ってあげるから〜〉でお馴染みのクリープハイプの代表曲『憂、燦々』が発売された頃、感想を聞こうと電話をかけても、悪いことをして然るべき所へ連れて行かれていて、しばらく音信不通だった。ある日、泣きながら電話をかけて来て、「消されるかもしれない。もう尾崎にも会えなくなるけど、お前はバンドをがんばってくれ」と言われたこともあった。いつも怪しげな仕事をしながらフラフラ生きている彼に、どこかですこしだけ憧れているのかもしれない。悪口を言わせれば誰も右に出さないし、めちゃくちゃなことをされていても、なぜかその口車に乗ってしまう。出会いから腐っていた縁は、やっぱり強い。

うらぶれた繁華街はネオンもくすんでいて、なんだか目に優しかった。先を歩く市川君が、声をかけてきたそのスジの方に丁寧に頭を下げている。柔和な笑みを浮かべて腰を折るその姿は、頼りないようでいて、どこか頼もしい。その先の筋をいくつか曲がり、人気《ひとけ》の無い雑居ビルに着いた。市川君が店長を任されているガールズバーには、ガールが1人しかいない。薄暗い店内のテレビから、アメリカの最新ヒット曲のミュージックビデオが大音量で流れている。最先端のヒット曲ともなれば、こんな下町の暗闇まで照らすことができるのかと感心した。たった1人のガールは、カウンターの左端で接客をしている。ガールがいないガールズバーのカウンター中央で、壁を見つめながらハイボールを飲む。すると、カウンター右端が騒がしい。見ると、中年男性二人組がタバコを吸いながら、横柄な言葉を市川君に投げつけている。相槌を打つたびに頭を小さく下げるのは、店長になってからのクセだろうか。身近な人間のなかでいちばん弁の立つ市川君が、あの二人組に強烈な言葉のカウンターを叩き込むところを想像してみる。でも、現実の市川君は相変わらず頭を下げ続けていて、そんなことをしているからどんどん髪が抜け落ちていったんじゃないのかと悔しくなる。彼がもどってきたらそんな冗談のひとつでも言おうと思っていたけれど、系列店から応援に来たガールが目の前に立ったせいでその機会を逃した。「お兄さん何やってる人？」と聞いてくるガールは、悪意のない顔でニコニコ笑っている。すると酔いも手伝ってか、意地の悪い気分がせり上がってきた。

「警備員です」

デビュー前、いちばん最後にやっていたアルバイトが警備員だった。なんかそのわりにはお洒落だねと言われた後、それ以上会話を広げるのも面倒で、カウンターの右端の市川君を迷子のような目で見つめた。それで緊張していると思われたのか、ガールはますます包み込むような態度をとった。さっきからずっと、向こうからタバコの煙が流れてきて不快だ。ようやくこっちへやって来た市川君を、ガールは「アートネイチャー」というあだ名で呼んだ。ちょっと姉ちゃん、彼は10以上も歳の離れた若い子にそんなイジられ方をされる人間じゃないよ。こちらの気も知らず、市川君はヘラヘラしている。しばらくしてこんな話になった。

「店長、自分が昔やってたバンド本当に好きだよね。いつもカラオケで歌ってる、あれ、なんだっけ？　あぁ、バンド名忘れた。私、バンドとか全然聴かないから」

ガールのその軽薄な感じも手伝って、なんだかジーンとしていると、店のドアが急に開いて大柄な男が入って来た。あっ、これは来た。スジの人だ。背筋がピンと張りつめる。色黒で顔面に口髭をたくわえた男は、やけに低姿勢だった。やがて満面の笑みを市川君に向け、「先輩」と言った。これはきっと、上が下をいびる時の、あえてのやつだろう。あの、逆に怖いやつだ。やっぱりこんなところに来るんじゃなかった。ひどく後悔する自分の横で、大柄の男はまだ頭を下げ続けている。あまりやり過ぎると、逆に怖いを通り越して効果が薄れてしまうと思ったけれど、怖いからそんなことは言えない。そしてこちらにまで深く頭を下げてきた。どうやら本当に後輩だったようで、聞けば店の共同経営者とのこと。

高校球児だった彼はドラフトでプロから指名を受けるも、監督の意向で大学へ進学する。その後、家庭の事情でやむなく大学を辞め、家族のために働きはじめる。それでも、どうしても夢を捨てきれない。プロ野球のトライアウトを受ける決意をし、パチンコ屋でアルバイトをしながらトレーニング漬けの日々を過ごした。結局夢破れたものの、もう悔いはないと言う。そして、そのパチンコ屋に客として通っていたのが、市川君だったのだ（おい、パチンコ屋に通っている意味あったじゃないか。まさかあいつのパチンコで伏線回収する日が来るとは)。

ちなみに彼らが出会ったパチンコ屋の名は「IPPUKU」だ。なんか、いかにもそこから何かが動きだしそうな、ちょうどいい人生のターニングポイント感が出ちゃってる。そして近所にもうひとつあるパチンコ屋の名は「宇宙センター」で、もしそっちだったら話がめちゃくちゃになるところだった。いきなり宇宙に行ってしまうくらいなら、まずはゆっくり休んだ方がいい。

目の前に立っているガールを差し置いて、すっかり野球談義に花が咲く。いつの間にか他のお客さんもいなくなっていたので、店を閉め、そのまま皆で系列店へと向かった。系列店のほうは思いのほか繁盛していて、ドアの外まで大音量のカラオケが聞こえる。調子外れの声で歌っている酔客がこちらを見た。あっ、本物だ。格好いい。そんな声が聞こえてきて、まんざらでもない。だんだん気分も良くなり、乗せられるままにカラオケで自分の曲を歌えば、店のガールが涙を流して聴いてくれる。拍手と歓声に包まれながら、普段は周りのレベルの高さに圧倒されて手も足も出ないくせに草野球の試合で活躍して気持ち良くなっている、そんな自分を恥ずかしく思った。

明け方になって店を出る時、最初に付いたガールが、すべてを悟ったような、これにて一件落着という表情で笑いかけてきた。うるせーよ、と思った。

帰り道で1人になった。こんなところでしか「1」が出てこない。でも、1位は1位で、なんだか寂しそうだ。子供の頃はあんなにも胸躍った年末だというのに、今はどうやっても乗り切れない。でもそれはきっと、自分の中にまだ火がある証拠だ。簡単に終わらせてたまるか。明日からまた、上位を目指してがんばろう。あの街も、この街も、それぞれの年を越す。良いお年を。良い、落としを！

「市川君、俺、サゲちゃったよ」

ゴーン。

Y字バランスをしながら「共感なんてただの痛み止め」と悟った顔をして、T字路にぶち当たる

今の時代、10代、20代、30代、40代、50代、シニア、男女問わず独身者、既婚者、それぞれから、とにかく幅広く共感を得なければならない。新たな発見よりも、ただ答え合わせしたい人が多いから、作った作品の評価は共感の数で決まる。驚きより安心を売るというのは、保険のセールスマンならまだしも、バンドマンとしてはどこか物足りない。

はぁ？ じゃあ、60代から上は要らないのか？ シニアってなんだよ。やけにぼんやりした定義だな。それに、小さな子供だって立派な社会の一員だろうが。年齢なんて気にして小さくまとまるなよ。

共感を売って一定の成果を得れば、こんなふうに、今度はそれ以外の一部から反感を買う。言ったそばから、待ってましたとばかりに揚げ足を取られる。でもたとえ取られても、Y字バランスのまま踏ん張り、さらなる高みを目指してコツコツと共感を

得るための努力を続けなければならない。今日もまた震える腕を押さえつけながら、確かめるようにダーツの的へ恐る恐る共感を投げ込んでいく。

癒やされて嬉しくなる。悪口を言い合ってストレス解消になる。とことん泣いて溜まっていた悪いものまで一緒に出してしまう。楽しくてもうただただ笑える。これらがあっさり「喜怒哀楽」という的の中に収まってしまうのは我慢ならない。もっとはみ出していたい。そんなことを考えていると、なんだかもう怒りを通り越して笑えてくる。

これだから、大ヒットする物語の主人公は、いつまでも不治の病、謎の奇病に侵されてばかりいるんだ。それこそが病じゃないのか。一刻も早くその病を治さなければ、表現自体が死んでしまう。的の外には、まだまだ広大な土地が余っているはずだ。

会話をしていて、食い気味に「わかる」と相槌を打たれると、途端に引いてしまう。気をつかって意見を合わせてくれているのだろうという気持ちと、そんなに簡単に理解されてたまるかという気持ちが同時に湧いてきて、モヤモヤする。

どうやら、「わかる」という安心感が購買意欲をそそるらしい。確かに、スーパーで産地等の詳細が明記されていない、「わからない」肉や魚をカゴに入れるのには抵抗がある。でも、作品は傷んだり腐ったりしない。むしろ何を使っているのか、原材料がわからないその不気味さこそが面白い。先日、焼肉店でメニューと一緒にテーブル脇に差し込まれた、生産者のプロフィールを見つけた。そこには生産者本人の大きな顔写真付きで、好きな食べ物から趣味等の情報が細かく明記されていた。さすがにここで好きな食べ物に魚とは書けないだろうと思いながら、生産者に肉の焼き加減をじっと監視されているようで居心地が悪くなった。だから、わかり過ぎてしまうのも不便だ。

あの有名人が良いと言っているから良い。そう思って商品をクリックすれば、通販サイトには次々と関連商品が表示される。そうして好きな有名人の一言だけで無限に世界は広がっていくけれど、その奥では、見ず知らずの誰かが笑っているのかもしれない。

だからこそ、おにぎりと違って、作品はまったく得体の知れない手で握られたものを選びたい。わからないものにお金や時間を使うのはとても豊かなことだ。でもそうと知っていながら、いつまでもこの承認欲求を飼い慣らせずにいる。わかっているのに、不安に苛まれ、信念が揺らぐ瞬間がいくつもある。

そういえば、ちょうど思い当たる節があった。何かにつけて人に聞きたがるのは昔からのクセだ。とにかく、気になったらすぐに質問してしまう。小さいころから、迷った時は見ず知らずの人にも平気で道を尋ねることができた。共感が感情の答え合わせだとすれば、共感と質問は限りなく似ていると思う。

そう思えば思うほど、思い当たりすぎて節々が痛い。

これを書いている今も、漢字の読みや言葉の意味をついインターネットの検索エンジンに打ち込んでしまう。どんなものでも打ち返してくれるインターネットに、すっかり頼り切っている。そのなかでも特に世話になっているのが、様々な質問サイトだ。漢字の正しい読み書き、知らない言葉の意味、さらには掃除機のゴミタンクの外し方まで（ダイソンに付いてるアレはクリアビンというらしい。これも今調べました！）、打ち込みさえすれば、ありとあらゆる質問に答えてくれる。今も質問サイトについて調べたら、「オススメの質問サイトを教えてもらえませんか？」と、それすらも質問されていた。質問で質問を洗う、まるで質問抗争だ。以前、「クリープハイプというバンドは気持ち悪いですよね？」という質問に対しての、「はい気持ち悪いです」という返答にひとり悶えた。質問も質問なら、答えも答えだ。そんなものは人それぞれだし、「こんなの、わざわざ質問サイトでする質問ではないですよね？」それと、「共感には痛み止めのような作用があって、迷いや後悔を一時的に鎮める作用がありますよね？」でも、「やっぱりそれは一時的なもので、痛みはちゃんとまた自分に返ってきますよね？」だから、「できる限り共感に頼らずに自力でがんばっていきたいですよね？」そして、「その痛み止めの半分は、何でできていますか？」やっぱり、「やさしさ？」さっきから質問ばかりでごめんなさい。「いくら質問サイトとはいえ、さすがにこれだけ質問をされるとイライラしますよね？」

「でも、眠れない夜に自分だけが感じているはずの不安や焦りを、見ず知らずの誰かも同じように持て余していると知った時、安心して胸のつかえが取れますよ」

「ありがとうございます。すこしでも気を抜くとこうして偏った視点で物事を見てしまいがちなので、これからはその辺りに気をつけてみます」

こうして、多くの人が他人の意見に身を委ねている。不安になった時、まず安心を手に入れるには、誰かに意見を聞くのがいちばん手っ取り早い。

例えば、「似合う、似合わない」について。「似合う」は他人が決める。それが似合うかどうかを、自分では決めることができない。他人に「それ似合ってるよ」と言ってもらえれば安心できるから、思わずその言葉に自分を合わせにいってしまう。本来であれば、自分で選んだ物こそが似合うはずなのに。いつの間にか、「似合う」そのものを選んでいることに気がつく。他人は「それ似合ってないよ」とは言ってくれないから（言ってくれたら言ってくれたで配慮が足りないと怒ってしまうんだよな）、自分でまっさきに似合っていない物からつぶしていく。「似合う」よりも「似合わない」を意識して選ぶのは、なんだか寂しい。

ではこれが、「間違ってる、間違ってない」ならどうだ。やっぱり、「正解」より「間違ってない」を選んでしまうだろう。卒業式。冠婚葬祭。初詣、思えば様々な行事のたびに、周りの動きを観察して前ならえをしてきた。その圧倒的な常識を前に、そこからはみ出すことへの恐怖心からそうせずにはいられなかった。正しい手順を間違えることは本当に恥ずかしい。「正解」と「間違ってない」は、近いようでいて、とても遠い。

こうなってしまうのも、「成功したい」より「失敗したくない」が強いからだ。本の帯や映画のチラシに書かれた宣伝文句も、「似合ってる」の一種だろう。その文言から、「お客様、よくお似合いですよ。実は私もそれ持ってるんです」と話しかけてくるショップの販売員じみたお節介を感じる。そんなことを言われても困る。あなたが持っているのなら、なおさら要らないと思ってしまう。だったら「お客様、よくお似合いですよ。実は私も試着してみたんですけど、全然似合わなくて……。それで泣く泣く断念したんです」と言われたほうがよっぽど購買意欲をそそられる。

ここまで書いておいて、どれも余計なお世話だったらどうしようと、今さら不安になってきた。そもそも、今回のテーマを選んだ理由こそが、「共感」を得るためだった。共感を得たいがために、共感に対して熱くなり過ぎてしまった。

書いているうちにだんだん気が大きくなって、胡散くさい自己啓発本じみた内容に近づいていることに、どうしてもっと早く気がつけなかったのだろう。

エッセイには「こんな自分なんて……」という、あの三歩後ろを歩く圧倒的下がり眉感が大切なのに。書きながらつい調子に乗ってしまい、飛ばし過ぎて、とんだハト胸エッセイになってしまった。

胸を張ろうが、肩を落とそうが、結局そこに誰かの共感がなければ成立しないのが悔しい。調子に乗るなと言われたかと思えば、謙遜し過ぎだと言われる。蹴られて、飛ばされて、それでも表現をやめられない。

最近、『情熱大陸』よりも『ザ・ノンフィクション』の方に感情を動かされるようになった。プロフェッショナルとして高い次元で活躍する人への憧れから、自らの過去や傷に向き合い、ただ日常を生きる人に対しての共感へ。これも成長と呼べるだろうか。年を重ねるにつれて、より自分に近い手触りの感動を選ぶようになった。

とにかく、共感ばかりを求める今の現代にうんざりしている。

そんな人達からの共感を今日も求めている。

タイトル未定のまま決まらず、無念の時間切れ。

この気持ちは「言葉」にならない

悪口をやめたい。世間では口は災いのもとと言うから、キュッと元栓をしめて、シュッとした良い人間になりたい。もう誰も傷つけたくはないし、誰からも嫌われたくない。悪口を言うたび血流が滞って、心が凝り固まっていく気がする。やめる。やめる。やめる。

そう決めても、やめられないものはやめられない。やめられない。やめられない。これまで何度も禁悪口に挑んでは、そのたびにそれを破ってきた。悪口は夜中に食べるカップラーメンに似ている。口から出ていく言葉と、口に入ってくる料理。一見対照的なこの2つは、遠いようで近い。だから、言葉を料理にたとえるとわかりやすい。何かを否定する時の意地悪な感情は、常に手前にあって手軽に口にすることができる、ジャンクでインスタントな食品だ。体に悪いと知りながら、つい手を伸ばしてしまう。いつも心のどこかにそんな罪悪感がある分、共犯者意識が生まれやすいのか、悪口を通して人とつながることも多い。そうやって、ギトギトの脂が人間関係の潤滑油になることだってある。こんな夜中なのにラーメン食べたくなっちゃったと言われれば、つい一緒に行ってしまうのが人の心だ。いつだって自分に甘く、他人には厳しい。だから、「行ってしまう」と「言ってしまう」は似ている。

感謝や謝罪に使われる「ありがとう」や「ごめんなさい」は、冷めるとすぐにまずくなる。早く言わなければ、どんどん相手に気持ちが伝わりにくくなってしまう。餃子や天津飯のように、オブラートならぬ、皮や玉子に包んだ中華風の伝え方もあるにはあるけれど、やっぱり素直に正面切って伝えるのが気持ちいい。熱いうちに食べるのがいちばんうまい（あー、でも猫舌！）。

「こんにちは！」「おはようございます！」つい不足しがちな挨拶は、体に良い野菜だ。鈴木杏樹さんが言う「もりもり食べやさい」と、親や学校の先生が言う「元気に挨拶をしなさい」は似ている。野菜同様、挨拶には栄養がある。コース料理でも、たいてい最初に野菜が出てくるけれど、まずは元気な挨拶から、ということなのかもしれない。体に良いのが野菜、心に良いのが挨拶だとすれば、子供のころから野菜嫌いである自分がなかなか気持ちの良い挨拶をすることができないのも納得がいく。

お世辞は菓子折だ。そんなに食べたい物ではないけれど、形式上のやりとりが必要な時だってある。偽りの笑みを貼りつけて、仕事中は一切心の内を見せない不動産営業の彼が、私にだけは素顔を見せてくれる。ネクタイをゆるめながら取引先への愚痴を吐きすてる、あの時の表情がたまらない。このように、お世辞があるから本音がある。もしも本音ばかりをぶつけていれば、いつかつぶれてしまうだろう。

ねぇ？

うんうん。

相槌には、その人の人間性が出る。これは箸の持ち方に当てはまるかもしれない。どんなに取り繕っていても、箸を持つ手は嘘をつかない。可愛い女子と居酒屋で向かい合った時、浮気した恋人を包丁でメッタ刺しにするかのごとく、逆手で箸を握るのを見て幻滅したことがある。

言葉だって、料理同様、盛り付け方次第で届き方が変わる。そしてまかないのように、飾らないものこそが相手に届く場合だってある。変にかしこまらず、腹を見せて伝えることも大切だ。

気がつけばつい喋り過ぎてしまうから、ダイエットをしようと思う。食事制限のように、言葉制限をすることも必要かもしれない。ここぞという時に、過不足なく、今求められている言葉をサッと差し出せる、そんな寡黙でスマートな大人になりたい。

「えーと」「あのー」「だから」「なんだろうな」「でも」「うーん」「とりあえず」

これらは言葉の脂肪だ。会話の中に、無駄が多すぎる。とにかく痩せないと。でも、やめられない。えーと、それでもやっぱりやめないとな。だから、えーと、あのー、がんばるというか。なんだろうな、うーん、でも、とりあえず、がんばります。


いくら抑えても、言葉は溢れてしまう。どうしても我慢ができない時は仕方がない。その代わり、悪口は言っても、陰口は言わないという結論に至った。湧きあがる感情に嘘をつくのも不健康だ。だからせめて、隠れてコソコソ言わない。これだけは守ることにした。そして、悪口を言った分、他の誰かを褒める。嫌いな人に嫌いと伝えることに比べれば、好きな人に好きと伝えることはやさしい。誰にだって好かれる必要はないけれど、誰にだって嫌われてしまえばやっていけなくなる。そもそも、好きがなければ嫌いもない。

長い時を経て、あの時言われた言葉が急に身にしみてくることがある。これは、納豆をはじめとする発酵食品だ。やけに糸を引いていたあの言葉は、自分にとって必要なものだった。そうやって気づくことができれば、それも大きな栄養となる。
ふと頭をよぎる感情を素直に言葉にする。それなのに、言葉にしてしまえばどこか物足りない。でもやっぱり、頭に浮かぶ言葉を誰かに伝えずにはいられないから、困る。話しても話しても、足りない。だからこうして書く。

さっきからずっと集中して書いているからか、腹が減ってきた。

そんなの足の小指からしたら、箪笥の角が向こうから
ぶつかってくるようなものだ

スーツケースを転がしている自分がどうしても許せない。だからいつも、パンパンに膨らませたリュックを背負っている。リュックに入りきらない分は、手で持ったトートバッグに詰め込む。もちろんそれだって、手を離せば空へ飛んでいきそうなほど、パンパンに膨らんでいる。ツアー中は、新幹線や飛行機で全国各地を移動しなければならない。そして、宿泊日数に比例してどんどん荷物が増えていく。そこで便利なのがスーツケースだ。2泊以上する場合はあると便利だし、3泊ともなれば確実にあった方が良い。そんなことはわかっている。でも、どうしても嫌だ。スーツケースの「あぁー、旅行〜！　あぁー、遠出〜！」というあの感じに、いつも照れてしまう。得意げになってガーガー音を立てながらスーツケースを引いていても、階段やちょっとした段差で持ち上げる際、その重みでふと我に返るのが気に入らない。せっかく慣れてきた時に、そうして流れを断たれるのが嫌だ。集中力を削がれるし、そこからも

う一度体勢を立て直す体力だって惜しい。そうした煩わしさを差し引いた後に、一体どれだけの便利さが残るだろう。それと、タイヤ（キャスターと呼ぶのは知っているけれど、その呼び方もなんか嫌だ。あんなのはタイヤだよ、タイヤ！）が汚い。荷物棚にあげた拍子に、むき出しになったタイヤが、もしも隣の人の荷物を汚してしまったら。考えただけでゾッとする。傷つけるくらいなら、傷つけられる方がいい。通勤ラッシュ時には、周りを見ず先を急ぐ人のスーツケースに足の小指を轢かれたことだってある。

「またこんなに詰めちゃって。最近ちょっと仕事を詰め込み過ぎてたから、せっかく息抜きのために旅行でもって思ったのに。スーツケースにまで荷物詰め過ぎちゃうんだから、もうこれって重症ですよね」

こんなことにならないよう、荷物は最小限にしたい。要るか要らないか迷うような物は、要らない。足りない物は旅先で新しく見つければ良い。そこに余白がなければ、新しいものだって入ってはこない（パンパンのリュックを持った奴が言う台詞ではないけれど）。それと、引きずるよりも、背負う方が格好良い。過去を引きずるのと、過去を背負うのとでは、大違いだ。大きな荷物を持った自分に対するこの「（笑）感」を払拭するには、一体どうすれば良いか。でも、「リュックなんて気にしてません。

いつもその辺にあるビニール袋に必要最低限の物だけ入れて家を出ちゃいますね」というのも嘘くさい。日増しにどんどん余計な袋が増える。リュックやトートバッグに入りきらず溢れた想いが、袋となって両手を塞ぐ。鬱陶しさを押し殺してようやく新幹線のホームへたどり着けば、心優しいファンの方が差し入れを渡してくれる。もう袋まみれで、まるでお土産を買い過ぎちゃった人みたいだ。そして、意外と嵩張るのが下着だ。あまりにも荷物が増えた時は、パンツや靴下なんて3日もすれば勝手に復活するだろう、汚れたという記憶を消してしまえば、その汚れ自体も消える、そんな錯覚に陥る(馬鹿です)。

このような荷物問題を引き起こす原因となったバンドの全国ツアーも、先日無事に最終日を迎えた。そして再び訪れる何気ない平日、リビングで口を開けながら萎れている空っぽのリュックを見て、妙に安心する。心から、「あぁ、終わったんだ」と思う。でも、これがスーツケースだった場合、そうはいかない。荷物が入っていようがいまいが、外から見ている分には何も変わらないからだ。完全に自立した可愛げのないスーツケースとは違い、持ち主の荷物によってそのつど姿かたちを変えるリュックがいじらしい。決めた。やっぱりこれからもリュックでいこう。今はまだ元気がないリュックいっぱいに荷物を詰めて、また大切に背負っていきたい。

運命の洗濯

これまでをふり返ると、人生におけるいくつかの大きな選択を思いだす。はじめて買ったCDは、地元の小さなレコード店の新譜コーナーに並ぶ、シャ乱Qの『ズルい女』と迷った末に選んだ、EAST END×YURIの『いい感じ やな感じ』だ。千円札を握りしめて何時間も立ち尽くす間、多くの人がレジへ持って行く『ズルい女』の横で寂しそうにしている『いい感じ やな感じ』を、どうしても放っておけなかった。それにその時は、後にミュージシャンになって「はじめて買ったCDは何ですか?」と死ぬほど質問されるなんて夢にも思わなかった。

決して「やな感じ」ではないけれど、「いい感じ」でもない。でも、あっちにすればよかったのにと言われれば「だよね」と思う。そんな感じ。

はじめて買ったギターは右利き用だった。店員の「左利き用のギターを買うと、生産数も少ないから、後々種類を自由に選べなくなって苦労する」という言葉をつい鵜呑みにしてしまった。いまだにテレビや雑誌で、右利きに混じって1人格好よく真逆に楽器を構える左利きのミュージシャンを見ると、なんか損した気分になる。

他にも、色々な選択をしてきた。それが良いものであっても、悪いものであっても、とにかく、何かを選んで何かを切り捨ててきた。

そんな様々な選択が、ここまで自分を連れてきた。

でも今は、この溜まった洗濯物をなんとかしなければならない。過去は穿けないし、未来も着れない。今だ。今、洗濯を選択しなければならない。着るものがなければ、明日から始まるツアーの地方遠征にも行くことができない。

20代のほとんどを過ごしたのは、西東京にある国立という街だ。家賃4万5000円、アパートの部屋に洗濯機を置くスペースはなく、住人は皆、階段の踊り場に設置された1回100円の共同洗濯機を使うことになっていた。

暑い日も寒い日も、そのどちらでもないちょうどいい日も、洗濯物でパンパンに膨らんだビニール袋を抱え、洗濯機が設置されている踊り場へ向かった。フタを開けると生乾きの状態で縮こまった見知らぬ誰かの下着が残っていたり、ケチな大家が節電のために電源を切っているのに気づかず、なけなしの100円玉がなかに吸い込まれたりした。

およそ30分から40分もの間、洗濯機はいつも大きな音を立てていた。1階の自室でその音を聞いていると、洗濯機のなかで、汚れた自分がのたうちまわっているような気がしてくる。散々暴れまわって、最後には気の抜けた音を立てておとなしくなる。洗濯槽のなかでボロ雑巾のように縮んで固まった、ずぶ濡れの自分を拾い上げる。しっかり広げてシワを伸ばせば、いつもわざとらしい洗剤の香りが鼻をついた。

あのころの自分にとって、服を洗うということは、ただ汚れを取る以上の意味を持っていたのかもしれない。

夏の暑い日、待っている間についうたた寝をしてしまい、慌てて部屋を出て洗濯機まで走る。フタを開けた瞬間、熱気と一緒に立ち込める生乾きの香り。鼻の奥が痒くなるあの独特な香りは、今でも忘れられない。

嗅ぐといつも、中学生のときにタバコの臭いを消そうとして、石鹸で念入りに洗ったあの手を思いだした。

水を吸って重たくなった洗濯物をもういちど袋につめ、うす暗い階段を上がる。ほこりっぽい踊り場は住人たちの物置と化していて、変色したポリバケツや洗剤の空き箱、壊れた一輪車や洗濯バサミの欠片、日に焼けた新聞紙等で賑やかだった。

ドアノブに手をかけて押す。すると、重たいドアは迷惑そうな音を立てて開き、屋上の光が目を刺す。強風に押しもどされたドアが、背中で凶悪な音を立てて閉まる。

共用の物干し竿は、いつもこげ茶色のタオルに占拠されていた。一体これはなんだろう。美容師の見習いか、風俗店の経営者か。そんな疑問をよそに、謎のタオルは、いつも風にふかれながらのんびりとなびいていた。

どうにか見つけたスペースに、穿きつぶしたパンツを1枚ずつぶらさげていく。数年前に別れた彼女が買ってくれた、サラリーマンの出張用に1週間分が7枚セットになったものだ。長年使い込まれてぐったりしたトランクスが、物干し竿の先で申し訳なさそうに項垂れている。

あのころは柔軟剤なんて必要なかったし、それ以前に買う金も無かった。なにより、服がフワッとしていることに幸せを感じる心の余裕が無かった。

だからどちらかといえば、柔軟剤が必要なのはそっちだったと思う。

あのころ、西東京の外れにある物流センターでアルバイトをしていた。夏場に蒸し風呂のような工場内を走り回っていると、Tシャツはもちろんのこと、ズボンまで汗でびっしょりになった。

それでも、ズボンを洗濯することは滅多になかった。ズボンを洗濯するなんて、誕生日やクリスマスと同じくらい大きなイベントで、このうえない贅沢だった。贅沢どころか、もう罪悪感すら感じた。

たまに洗濯をして、すこし縮んだズボンに足を通す。あのこそばゆい感じが、なんとも言えない。それでも、やっぱりそれは、紛れもなく自分のズボンだった。

服が汚れるということ、服を洗うということ、そのどちらも、とても大切なことだ。

あの日、あの娘が着ていたグレーのワンピースを思い出す。胸のあたりに大きく「ZUCCa」と書かれていて、野球のユニフォームみたいだと思った。国立の駅で待ち合わせた。体温の高い、すこし汗ばんだあの娘の肌の感触と、最後の最後に選ばなかったあの笑顔を思いだす。

銀座の田中さん

食パンでいうとちょうど一番やわらかい部分、4丁目、5丁目あたりは華やかだ。そこからあっちへ行けば京橋で、そっちへ行けば新橋にたどり着く。パンでいうと耳、どちらも固くてしっかりした印象がある。

はじめてギターを手にした中学生のころ、流行りに乗って銀座で路上ライブをはじめた。中学の同級生と2人で、毎週日曜日、電車を乗り継いで有楽町へ向かった。駅から徒歩で歩行者天国を目指す。目的地は、銀座ワシントンの前だ。段差に荷物を置いてケースから出した瞬間、安物のギターからクセのある接着剤のにおいがして、一気に緊張が高まる。大通りを行き交う人と、パラソルとテーブル、ビルの隙間から見上げた空、そんな風景とセットで、あのギターのにおいを思いだす。

目の前に譜面台やギターケースを置いただけで、もうだいぶそれらしくなる。松屋銀座1階のトイレで用を足して、気持ちを整える。

路上ライブは、最初の一音さえ出してしまえば、そのまま流れに任せていける。でも、いつもそれまでが大変だった。意味もなくギターをチューニングしては、またズラして、ダラダラと時間稼ぎをしていた。ライブをはじめたところで、別に立ち止まる人なんていないのに。せいぜい、たまに通りかかった外国人観光客が、物珍しさから写真を一枚撮っていくくらいだ。それも、他に誰も注目していないから仕方なくといった感じで。自分へ向けられたカメラのレンズは、いつもそんな目をしていた。

ギターの弦が切れると、演奏を中断して近所の山野楽器まで買いに行った。レジの店員から「また切れたの?」なんて呆れられながら、すぐにワシントンの前へもどってくる。

ユニット名は【ギター弾きと歌うたい】。2人ともギターを弾いて歌を歌っているせいで、どっちがギター弾きでどっちが歌うたいかわからない。今思えばすごく変な名前だ。

それでも、名前が付いた時は嬉しかった。これから何かはじまる。そんな大きくて丸い気持ちが、今にも割れそうなほど膨らんだ。でも、すぐに厳しい現実にさらされすることになる。思い描いたとおりにならない現実を前に、なすすべもなく、ただ落胆するしかなかった。

　ある日を境にじわじわと口コミが広まり、歩行者天国に人だかりができる。メジャーデビューしてからも、歩行者天国でのライブは続けよう。お世話になった場所に恩を返したい。初心忘るべからずだ。もう、そんな妄想にもすっかり飽きていた。片割れである同級生は、そろそろ限界とでも言いたげに、苦笑いばかりしている。それから目をそらすのも、そろそろ限界だった。

　ある日の放課後、大きな布を用意して、ペンキで「止まれ」の道路標識を書いた。歩行者天国で「止まれ」なんて格好いい。その決して媚びない挑戦的な態度に、われながら興奮した（いやいや、媚びろ。全然結果出てないんだから）。次の日曜日、期待に胸を膨らませ、歩行者天国に自作の道路標識を広げた。

「はぁ？　止まれって……なんか変なグループ名だね」

　演奏中、立ち止まったおばさんが言った。最悪だ。そっちか。確かにこれがユニット名だとしたら変だし、ずいぶん縁起が悪い。決して媚びない挑戦的な態度が、思わぬ形で事故を起こした。

　最後の希望も打ち砕かれ、じっとうつむいていた。すると、履き古されているのにやけに小綺麗だと感じる黒いコンバースが目に留まった。

「銀座でやってるなんて珍しいね。あたしも千葉の方でたまにやってるんだよね」

話を聞くとその人は二つ年上で、ショートカットがよく似合っていた。一目見て、俳優の田中麗奈に似ていると思った。何曲か聴いてもらって、しばらく会話をして、今度一緒に路上ライブをする約束をして別れた。帰り道はとても幸せだった。これで明日からの憂鬱な平日にも耐えられると思って、電車に揺られながらニヤニヤしていた。ようやく何かが進みだした。

次の日曜日、田中さん(仮名)と田中さんの友達が、約束の時間にワシントンの前へやってきた。相手も二人組なら条件は同じだ。格の違いを見せつけて、一気に年の差を乗り越えよう。そう強く意気込む。出会ってからこの日まで、ずっと田中さんのことばかり考えていた。

準備を終えて、いつもの松屋銀座へ。はやる気持ちを抑え、トイレの鏡で髪の毛を整えた。

まずはお手並み拝見と、先にやってもらったのがまずかった。なんか違う。ちょっと待ってくれ。止まれ止まれ。うま過ぎて、まるで可愛げがない。ギターやタンバリン、ピアニカまで完璧に使いこなしているぞ。しかも、三度下のハモりまで綺麗に決まっている。なんかお客さんもどんどん集まって来たよ。その圧倒的な技術の差に、ただただ呆然とした。
「ねえ、あの止まれの布は出さないの？」

「えっ、何それ。布？」

こちらの番になって、田中さんたちの会話が聞こえてくる。今さらあんな布を出せるはずもなく、聞こえないふりをして歌った。そして、このときになってやっとわかった。下手だったんだ。圧倒的に、技術と声量が足りていなかった。これでは人を集めるどころか、聞きたくても聞こえない。恥ずかしくて泣きたくなった。

田中さん（麗奈似）とその友達は、青空の下、気持ちよさそうに歌い散らかしている。あ、なんかよく見ると顔もぜんぜん違う。田中麗奈には似ていない。それにあの友達のほう、さっきからなんか偉そうで鼻につくな。この場所だって、こっちが先に見つけて、今までずっとやってきたんだ。

「え？　もう帰るの？　じゃあ、私たちはもうすこし歌っていくね」

田中さん（全然似てないけどな）とその友達を残して、逃げるように帰った。

追いかけてくる伸びやかな歌と、軽快なタンバリンのリズムを背中で聴きながら、やっぱりよく通るいい声だと思った。

まだ音楽をはじめたばかりで、なにもかもうまくいかなかったけれど、なにもかもできるような気がしていたあのころ。それは4丁目、5丁目あたりの、苦くてやわらかい思い出。

exあやっち

遺書を探している。

一枚が三つ折りになったあの遺書には、特徴ある緑の丸文字で予言が書かれていた。

あんたは絶対に成功する。あたしが保証する。こんなに良い歌を歌ってるんだから大丈夫だよ。

あの時、それを見て心から安心したのを覚えている。

最後にこんな言葉を送られて、すごく良い関係のまま、もうこれから絶対に嫌いにならなくて済む。そう思って安心した。

何より、これからも不良品としてやっていかなければならない中で、頼りになる保証書をもらった気分だった。これで、何かあればいつでも修理に出せる。失敗しても、またやり直せる。そんな安心がお守りになった。

今になってもう一度読み返したくなって、押入れの中に積まれた段ボールの中をのぞき込む。それをずっと待っていたかのように、昼の光に舞う綿ぼこりが嬉しそうで、掃除機で吸い込むのもちょっと気が引ける。鼻のあたりがムズムズするのは、きっとほこりのせいだけではない。滞納していた光熱費の請求書やライブハウスで配っていたアンケートの束、ダサいハーモニカと若かりしころの写真、いかにもまずそうな外国の菓子、実際に会ったら嫌な奴だった元憧れのバンドマンが表紙の音楽雑誌。それらが出てきて何とも言えない気持ちになったからだ。

捨てるのはもったいないけれど、わざわざ取っておくほどの物でもない。そんな物ばかりが段ボールには詰まっている。人間関係だってそれと一緒だ。家が火事になった時とっさに持ち出せる物が限られているように、いざという時に持ち出せる人間関係だって限られている。どうせ置き去りにして焼けてしまう人間関係なら、はじめから要らないと考えるようになった。

どこを探しても遺書は見つからない。

「あやちゃん」

告別式の日、火葬炉へ入っていく棺に向けておばあさんが叫んだ。当然返事はない。

でも、そのことがそのまま返事の役割を果たしていて、とても寂しかった。

火葬場のロビーで、彼女の恋人から遺書を受け取った。彼は大切そうに、バインダーに挟んであったその遺書を渡してくれた。前日の夜に電話をして、何か形見が欲しいとワガママを言ったら、あいつはよくコレで尾崎さんの曲を練習していたんですと笑って、小さなアコースティックギターも一緒にくれた。それは、偶然にも普段自分が作曲用として使っているものとまったく同じモデルだった。

そのギターは今も部屋に置いてある。横着だから、いつも掃除機をかける時、ギタースタンドを持ち上げることもしない。そのせいで、掃除機の先端がギタースタンドの足にぶつかるたびに間抜けな音が鳴るから、それでまた思いだすことができる。

ほこりっぽさに耐えかねて、ひさしぶりに窓を開けた。外の気配が聞こえてきて、それが鬱陶しくて、逃げるようにまた段ボールに顔を突っこむ。でも、やっぱり遺書はどこにも見当たらない。

探せば探すほど、遺書をもらった後に、その予言が当たった証拠の品ばかり出てくる。ライブ会場が大きくなって、プロが使うスタジオでレコーディングしたＣＤを何枚も出した。それらを宣伝するためのチラシだって色あせている。

あんたは絶対に成功する。遺書のその言葉に当てはまるような快進撃は、もうどれもほこりをかぶっている。あれだけ感動して、すごく嬉しかったのに、古くなってしまったものばかりだ。お客さんがくれたファンレターがぎゅうぎゅうに詰まった楽器店の黄色いビニール袋は、そのなかでもひときわ目立っている。でも、探している手紙はこれじゃない。いつの間にか、もう段ボールは空になっていた。やっぱり遺書が見つからない。あれから10年が経ち、もう保証期間は過ぎた。そのうえ、保証書まで失くした。

何をもって成功だと思うか。果たしてこれは成功なのか。聞きたいことが山ほどある。

あんたは絶対に成功する。あたしが保証する。こんなに良い歌を歌ってるんだから大丈夫だよ。

これから死のうとしているのに、どんな気持ちで書いてくれたんだろう。これから死のうとしているのに、よくあれほど前向きな言葉が書けたものだ。その前向きな確信を、すこしは自分自身にも向けてほしかった。

吸引力が自慢の掃除機を握りしめて、ギタースタンドの足に先端をぶつける。そして、その間抜けなパイプの返事に耳をすませる。

最後のお願いがあるんだけど。これを読んだら、あたしだけに向けて歌ってほしい。遺書の後半に、そう書かれていた。リクエストは『ｅｘダーリン』。彼女があのギターで練習していた曲だ。

そして遺書のいちばん下には、あの丸文字で「ｅｘあやっち」と書かれていた。

そのボケ、ぜんぜん笑えないよ。

あんたも絶対に大丈夫だよ。これからも、いつでも、こうやって思い出すことを保証する。

歌います。

『ｅｘダーリン』

ハニー　君に出会ってから色んな事わかったよ

セ・リーグとパ・リーグの違いとか　マイルドとライトの違いとか

ハニー　君に出会ったから色んな事わかったよ
発泡酒とその他雑酒の違いとか　本当に好きな人とその他雑種の違いとか
悲しい色に染まった夕暮れが今日はやけに優しいな
あなたがくれた携帯のストラップ　大事な所はどっかにいって紐だけ残った

ねぇダーリン　ねぇダーリン　今夜は月が綺麗だよ
四六時中思っている事は　今でもまだ好きだよ
ねぇダーリン　ねぇダーリン　今夜は月が嫌いだよ
怒った時頭をかく癖が　今は凄く愛しい

ハニー　君に出会ってから色んな事わかったよ
ワインと焼酎の違いとか　麻美ゆまと柚木ティナの違いとか
ハニー　君に出会ったから色んな事わかったよ
アスカと綾波の違いとか　あの娘とあたしの違いとか

悲しい色に染まった夕暮れが今日はやけに優しいな
あなたがくれた携帯のストラップ　大事な所はどっかにいって紐だけ残った
ねぇダーリン　ねぇダーリン　今夜は月が綺麗だよ
四六時中思っている事は　今でもまだ好きだよ
ねぇダーリン　ねぇダーリン　今夜は月が嫌いだよ
笑った時鼻をすする癖が　今でもまだ愛しい

作詞・作曲：尾崎世界観

鳥人間コンテストに参加の尾崎さん、大会新記録を叩き出すも「会場にゴミをポイ捨て」でまさかの失格！

別れ方が下手だ。物心ついてからずっと、立つ鳥跡を濁しまくっている。これまで交際してきた女子との別れ方だって、もれなくろくなもんじゃない。アルバイトもそうだ。どれも「辞めた」より、「逃げた」の方がしっくりくる。今までありがとう。これからはお互い別々の道を進むことになるけれど、どうかお元気で。たとえうわべだけだとしても、一度くらいはそんな綺麗な別れ方をしてみたいものだ。壮絶な殴り合いの末に、唾を吐き合って散る。そんな別れ方も、ある意味では清々しいのだけれど。だらしない濁しグセがついてしまってから、もうずいぶんと長い年月が過ぎた。今でもそんな別れの際、濁った泥水の表面に映る相手の顔は、いつもよく見えない。今まで、どんな人をどうやって傷つけ、どんな人にどうやって傷つけられてきたか。それはきっとお互い様だろう。気が重いけれど、今回は人との別れ方について書いていきたい。

どんなに悲しくて、辛い別れでも、それが作品の中であれば、途端に歓迎される。作詞をするうえで、別れにはこれまで散々世話になってきた。別れには感情移入しやすいから、作るほうもつい手にとってしまいがちだ。

そして、別れには実に様々な種類がある。大きなものから小さなものまで、日々は別れの連続で成り立っている。余計なストレスを遠ざけて生活するためには、いかに気持ち良く人と別れていくかがポイントになってくる。でも、やっぱりそれができないから、ストレスが溜まる。終わらせ方には、その人の本性が透けて見える。だからこそ、相手を見極める絶好の機会になるのかもしれない。

街中で人と別れる際、見送る背中が人混みに紛れるまで、じっと相手が振り返るのを待ってしまう。振り返ったら軽く会釈をして立ち去るつもりでいるのに、相手がなかなか振り返ってくれないから、まだかまだかと待ち続ける。そのうち、だんだん後に引けなくなって立ちつくしていると、後ろからやってくる通行人と肩がぶつかってしまい落ちこむ。もう、早くしてくれ。あっ、振り返らずに角を曲がった。なんだよ。こっちが勝手に待っていただけなのに、ちょっと裏切られたような気がして相手に不信感を抱いてしまう。逆にこれが見送られる側であっても、振り返ったらすでに相手の姿が消えていたなんてことがよくある。だから、空港の保安検査場の入り口でいつまでも孫を見送るおばあちゃんを見ると、無性に泣けてくる。

電話の切り方には、人間関係の結び目を考えさせられる。互いに「じゃあまた」と言い合ってから電話が切れるまでの数秒間は、いつも、結果発表を待つような心地だ。思わず電話口からすぐに耳を離して、通話が切れるまでジッと液晶画面を見つめてしまう。すぐに切れたら切れたでなんか寂しいし、怒らせるようなことでも言ってしまったかと不安になる。反対にいつまでも通話が切れなければ、もしかしてまだ会話が続いているのではと思ってしまう。だから、自分と同じタイミングで、ちょうどいい瞬間に通話が切れるとホッとする。逆に、普段はすごく温厚で話し方もおっとりしている人が噛みつくように切る瞬間には、いつもハッとさせられる。

「どっちから切る？　えー、切れないよ。だからそっちから切ってよ。お願い。はい、じゃあどうぞ。……。……。ねー、なんで切らないの？　あっ、そうだ。いいこと思いついた！　どっちかが先に切れないなら、2人で同時に切ればいいんじゃない？　ねっ、そうしよう。じゃあ行くよ、せーのっ……。……。やだ、ちょっとー。なんで？　全然切ってないじゃん！　って私もか。でも、なんか通じ合ってる感じがして嬉しいね。電話だけに」

あぁ、あの時代が懐かしい（どんな時代だ）。

それと似たような問題で気になるのが、部屋の鍵をかける音だ。

交際している女子や、そういう関係になった女子の部屋に泊まった翌日、帰り際に別れの挨拶をして、彼女がドアを閉める。そのドアに鍵をかける時の、あの冷たい音が気になる。鳴るな鳴るなと思いながら、早足になる自分の背後から、なかなかの切れ味で強烈な金属音が聞こえる。するとこっちは、なにもそこまでしっかりかけなくてもと、泣きそうになる。あぁ、やっと帰ったよ。そんな風に思われている気がして切ない。

もちろん、逆の立場になった時も気を使う。いつも相手が一定の距離まで離れるのを待ったうえで、爆弾処理班のように、額に汗を浮かべながら慎重に鍵をかける。こんなに気を使うくらいなら、もういっそ鍵なんてなければいいのに。本来であれば安全を確保するはずの鍵が、かえって人間関係をぶち壊しかねない。電話でも鍵でも、決して最後の最後まで気を抜いてはいけないと、しみじみ思う。

ライブの終わらせ方についても気になっている。

「次で最後の曲です」

「えーっ……」

このやりとりが、死ぬほど鬱陶しい。アンコールを意識しながら、最後の曲のアウトロでギターを掻き鳴らすあの白々しさ。そして、地名を連呼しながらいかにもエンディングっぽく感謝の気持ちを伝える際、会場に漂う「まぁ、この後アンコールでまた出てくるんだけどね」感。そんな決まりきったお歳暮みたいなやりとりは要らない。だから最近、思い切ってアンコールをやめてみた。すると、それまでが嘘のように、ライブ終盤になるといつも感じていたあの後ろめたさが消えた。

最後にもうひとつだけ。深夜まで酒を飲んだ後、帰り際に後輩にタクシー代を渡すべきか。このことにも頭を悩ませている。後輩は遠くに住んでいて、当然もう終電はない。こんな時、その後輩に1万円札を渡すべきなのか。帰り際にタクシー代を渡すなんて、逆に時代遅れだと思われないだろうか。テレビでは見たことがあるけれど、今でも実際に渡したりするものなのか。でも、「これ少ないけど」などと言いながらさっと1万円札を渡すアレに憧れもある。そしてつい先日、それを実践する機会に恵まれた。後輩のバンドマンである彼は、普段から自分のことをとても慕ってくれているうえ、どう考えてもタクシーでなければ帰れない距離に住んでいる。それに、今の彼の活動状況からしても、自力でタクシーに乗って帰ることは困難なはずだ。だから思い切って1万円札を渡した。でもずいぶん酔っていたせいか、渡した瞬間の記憶がすっかり抜け落ちている。ちゃんとスマートに渡せていたかが気になるし、せっかくの記念すべき瞬間を覚えていないのは悔しい。後日、その場にいたもう1人の後輩(近所に住んでいる)に詳細を聞いたら、「尾崎さん、1000円渡してましたよ」と言われて驚いた。そんなはずはないと、慌てて記憶を手繰り寄せるけれど、どうしても思いだせない。なんだよ、1000円って。逆に喧嘩売ってるみたいじゃないか。たとえどんなに酔っていたって、さすがにそんなことはしないはずだ。モヤモヤしたまま、数日後、タクシー代を渡した後輩に直接会う機会があったので、恐る恐る聞いてみた。それにしても、後からちゃんとタクシー代を渡せていたか確認することの格好悪さといったらない。

「はい、ちゃんと5000円頂きました。ありがとうございます」

耳を疑った。5000円って。なんか、1000円よりも恥ずかしい。1000円ならまだただの間違いで済まされるけれど、5000円はもう誤魔化しようがない。なんだろう、5000円から漂うこのそこはかとない決死の捻出感は。「本当に5000円だった?」

「はい、ちゃんといい感じに足りました」

いい感じに足りちゃ駄目なんだよ。まるで、生活は厳しいけれど格好はつけたい、見栄っぱりの懸垂野郎だ。大人になってからその本当のありがたみに気づく、「あの時お母さんがくれたしわくちゃのお札」感が出てしまっている。もうこれからは絶対、泥酔している時にタクシー代を渡さない。飲んだら渡すな。渡すなら飲むな。

もうすぐこの本も終わる。皆さん、ありがとうございました。ここからは別々の道を進むことになるけれど、どうかお元気で。

立つ鳥跡を濁さず!

バサッ! バサッ!

義理サイン

期待しながら訪れた飲食店が〈壁一面有名人のサインびっしり系〉だった時の絶望は計り知れない。

それとなく壁を見回して、無意識のうちに、自分と同じくらいの知名度と思う人が書いただろうサインを探してしまう。無ければもうそれで良いのだけれど、もしも見つけてしまったら大変だ。そこで自分がサインを求められなければ、何だかその人に負けた気がする。

今か今かと待ち構えるから、食事になかなか集中できない。それが、〈壁一面有名人のサインびっしり系〉の飲食店だ。

壁を埋めつくす無数のサインの下にはもれなくラベルが貼り付けられていて、見ればそれが誰のサインか一目でわかるようになっている。

「未来のスター」「新時代のヒーロー」「ニューヒロイン」「言わずと知れた天才」「将

来はきっと名プレーヤー」「名優」「ロックスター」「日本の宝」

それぞれの名前の前には、店側が勝手に考えたであろうちょっと恥ずかしいキャッチコピーが付いている。もしも自分がサインを書いたら、一体何と書かれるだろう。

「あの、今ちょうどお客さんいないんで、お願いしても良いですか？　今までここに来た方の中で一番会えて嬉《うれ》しいです。あー、本当に嬉しい」

背後から声がして、ついに来たかと身を固くする。しかしよく見ると、マジックペンを差し出した女性店員は、自分の向かいに座る連れに話しかけている。そっちだったか。

連れは愛想よく壁にサインを書きながら、色んな方が来てるんですねと笑った。

「奥に個室も用意しているので、もし必要であれば次回から遠慮なく言ってくださいね」

お礼のつもりなのか、女性店員は今後のスペシャルな待遇をほのめかしてくる。その後もまだ興奮おさまらぬ様子の彼女は、声を弾ませながら、自分の前をあっさり通り過ぎて行った。

ただただ恥ずかしさでいっぱいだ。それからはもう、何を食べても素直に味わえない。べつに悪くはないけれど、圧倒的に美味《うま》いかと言われればそうでもないな。そんな風に、ちょっと厳し目に採点してしまう。そしてその理由が、自分だけサインを求められなかったからだと思われるのもまた癪《しゃく》だ。そもそも、一体何のためのサインだ。自分はただ美味《おい》しい料理を食べに来ただけなのに。

サインなんて、突き詰めればただの線でしかない。何より、せっかくの清潔で真っ白い壁が台無しだ。

自分勝手に憤っていると、別の男性店員がテーブルへ新たな料理を運んできた。どうせこれも穿《うが》った食べ方をするのだと、せっかくの料理を見て悲しくなる。

奥の方で男性店員と女性店員が何やら話すのが見える。しばらくすると女性店員がまたこちらへやってきて、今度は満面の笑みでマジックペンを差し出した。

「あの、良かったら空いてるところに書いていただけませんか」

いやいや、さっきのテンションはどこへ行った。それにマジックの扱いだって全然違う。連れには両手で包むようにして渡していたのに、自分の時はテーブルの上に突き刺すように置いた。よし今日は飲み明かすぞと、告白して振られた友人を慰めるために持ってきた一升瓶をどんとテーブルに叩《たた》きつける、まるで〈俺とおまえと大五郎〉置きだ。

壁の前でしゃがみ、いつもより小さくサインを書く。テーブルへ戻り、もうまったく味のしなくなった料理を口に運ぶ。

「ねぇ、これ誰のサインだっけ」

「あー、あれですよ。ほら、あの、バンドです。バンドマンですよ。ちょっと暗めの」

「バンド？」

「ほらちょっと前に来たじゃないですか。バンドのボーカルで、一応もらったじゃないですか。あー、全然名前が出てこない」

後からラベル付けする際、きっとこうなるに違いない。だったらもう、義理でサインを求めるのはやめるべきだ。

そして思い出してください。あなたたちが初めて有名人にサインを求めたあの日のことを。今よりもっと純粋な気持ちでマジックを握りしめた時の、あの手の震えを。

こんなことを書いても、ほとんどの人には共感されない。それどころか、またひねくれたことを言っていると煙たがられるだろう。でも、求める方だけでなく、求められる方にだって感情がある。常に誰かと比較されながら、その悪気ない好意に傷ついたりもする。

食事を終え、クレジットカードで支払いを済ませた。

「こちらにサインをお願いします」

さっきとは打って変わって、とても平坦《へいたん》な声だ。

言われるがまま、今度はボールペンでレシートにサインをする。

「ありがとうございました」

女性店員は笑顔で頭を下げる。ふと壁に目をやるけれど、とにかくサインだらけで、さっき自分が書いたサインがどこにあるかもうわからない。

音楽の神様（笑）

音を楽しむと書いて音楽だ。馬鹿はいつも決まってそう言う。苦しくなってきてからがやっと音楽なのに、そんなことも知らず、馬鹿は今日も上手に音を楽しんでいる。

これは私がまだそんな馬鹿だったころの話です。

まだ馬鹿だった私が本当の苦しみを知ったのは、2014年の春でした。2013年まではバンド活動も絶好調で、もうすべてが面白いように連鎖して、人生なんてマジぷよぷよって感じでした。繋《つな》げる。積み上げる。消す。ただこの繰り返しだけで、もうほんと楽勝だなって思ってたんです。だから、あくまでバンドのためにより良い環境を求めてレコード会社を移籍しますかって聞かれた時も、はいオッケーって感じで、何の疑いもなく手にしていたコントローラーの十字キーをグリグリしたり、ボタンを連打したりしました。

そしてレコード会社を移籍しました。新しいレコード会社の皆さんはホテルマンみたいに丁寧で、とにかくいつも良い感じでした。でもある日、前のレコード会社から勝手にベスト盤が出るというニュースが流れたんです。

血相を変えた当時のマネージャーは、バンドが練習をしているリハーサルスタジオに飛び込んできて、そのニュースが掲載されたWEBサイトを見せてくれました。そこには、たしかにベストアルバムの発売日や収録曲などが書かれています。

頭が追いつかない。情報だけが心を何周もぶち抜いて、鈍間《のろま》な頭をどんどん周回遅れにしていきました。

しばらくするとやっと怒りが湧いてきて、これからどうするかを皆で話し合いました。数時間後、このベスト盤はバンドや事務所の許可無く制作されたものだと、声明文を出すことが決まりました。

20時ちょうどに、バンド公式のツイッターアカウントから声明文を投稿しました（あずさ2号かよ。私は私はレコード会社から旅立ちます）。そのツイートは瞬く間に拡散され、初めはそのことに興奮したけれど、その勢いを見ながらだんだん怖くなってきました。

投稿直後こそファンからのホイップクリームみたいに甘い反応で溢《あふ》れていたものの、時間が経つにつれて、世間からの厳しい反応が増えていきました。

やっぱり神様より世間様の方が正しい。世間様に逆らったら生きていけないと、このとき改めて実感しました。

この騒動は各ニュースサイトでも取り上げられ、それを受けて前のレコード会社も公式サイトに声明文を出し、火はどんどん大きくなりました。

今思えば初めての炎上でした。修学旅行でキャンプファイヤーに感化されて告ったことすらないのに、こんなに燃えても困るだけなんですけどとか思いながら、巨大な炎を前に呆然《ぼうぜん》と立ち尽くすことしかできなかった。

やがて、待っていましたとばかりに同業者が投稿する辛辣《しんらつ》なツイートが目につくようになりました。それはどれも決まって自分たちよりしょぼい、『ロックマン』のあのヘルメットを被《かぶ》ってBB弾みたいな丸いのを撃ってくる雑魚《ざこ》キャラクラスのミュージシャンでした。

その後発売されたベストアルバムはまったく売れず、わずかな印税だけが入ってきました。発売から数ヶ月後に給与明細を見て、私はとっても虚《むな》しくなりました。それまでは努力して作り上げた作品で稼いでいたのに、一つも身に覚えのない失敗作で収入を得ることが本当に悔しかった。

〈クリープハイプ、公式サイトのディスコグラフィーの中にベスト盤だけ無いのダサ

過ぎだろ。ガキかよ〉

いつだったかのエゴサーチで見つけたこの投稿が、いまだに忘れられません。普段どんなに怒りを感じたとしても、それは時間と共に必ず減衰していくのだけれど、これだけはいつ思い出しても鮮度抜群のプリップリです。

ある日突然、体のどこかに無理やりめちゃくちゃ恥ずかしいタトゥーを彫られたとしたら、それを隠すのが当たり前でしょう。他人の痛みも想像できない人間に、言葉はまだ早い。

あの日から、前のレコード会社の担当ディレクターが私の音楽の神様になりました。音楽以外にも何か武器になるものがあった方が良いと、私に文章を書くことを勧めてくれたのもその人でした。

ベストアルバムが出たことによる一連の騒動でバンドが終わりかけた時も、音楽から逃げ、文章を書くことでどうにか生き延びました。でもそっちにはそっちの、死ぬほど排他的でみじめな、新しい地獄があったのだけれど。

芥川賞《あくたがわしょう》の候補になった時は本当に嬉《うれ》しかった。これを武器にしても良いと、やっと許可をもらえた気がした。それからも私はこの武器を磨き続けています。

どうかどうか、これからもずっとお元気で。いつまでも私の音楽の神様でいてください。

音楽の神様はいつも苦しみをくれる。

2022年2月6日

ホテルの近くまで一平君とリドウが迎えに来てくれた。リドウは照れているのか、すぐに車の中に引っ込んでしまう。

華珍園へ。さっちゃん、アキデのおんちゃん、雄一君、ツキちゃん、ハナちゃん、大勢いるから食卓が賑《にぎ》やかだ。

祐介は声が暗い。祐介はチンコがちっちゃそうだ。耳の遠いアキデのおんちゃんと話をしているのに、リドウがしきりに話しかけてくる。バラバラの人たちが集まっているのに、それもが聞こえていない。きっとそのどれもが聞こえていない。そのズレが良い具合に重なって、なんだかそれがちょうど良い。

トイレに行くフリをして会計を済ませようとするもクレジットカードが使えず、近くのコンビニまで走った。ようやく支払いを済ませて戻ると、ツキちゃんがそっと寄ってきて、祐介おんちゃんウンコしちょったがと囁《ささや》いた。

さっちゃんと一平君とリドウとばあちゃんの墓参りへ行くことになり、雄一君が近所に住むアキデのおんちゃんを車で送ることになった。アキデのおんちゃんは、何だかやけに名残惜しそうにしている。墓まで向かう途中、さっちゃんからその理由を聞いた。アキデのおんちゃんは、自分が祐介を空港まで送ると言って張り切っていたらしい。いくら元タクシードライバーとは言え、年齢を考えるとさすがに危ないと思い、別れ際にそろそろ運転を控えた方がいいと言ったのを後悔した。

道の脇でさっちゃんが車を停めた。見ると、おじいさんが何かを売っている。それはパットライスといって、米を膨らませて作る菓子だった。さっちゃんの好物らしい。ひと口もらって食べるとなんてことない味で、母親ってこういう味が好きだよなと思った。さっちゃんは母、由美子の双子の妹だ。

久しぶりにばあちゃんの墓の前に立つ。相変わらず静か過ぎて、逆に爆音だ。こんなに静かだとうるさいだろうから、久しぶりに東京に連れて行ってやりたくなった。墓の前で、リドウがチンコを触ってくる。お父さんとどっちがデカいと聞くと、祐介と返ってくる。悪い気はしない。

墓参りを終え、マジックバスへ。レジ前の棚から太宰治《だざいおさむ》の『人間失格』を手に取り、売り物かと尋ねると、店長はその色褪《いろあ》せた文庫をくれた。凄《すご》く嬉《うれ》しい。帰りに握手を求めてくれた店長の手の感触は、こんなご時世だからこそ深く残った。

買い物を済ませ、雄一君の家へ。車中、リドゥにあれ歌ってこれ歌ってとしきりにせがまれる。鬼やイトなど、なぜかリクエストが二文字の曲ばかりだ。それでも何かと理由をつけて逃げ回る。

雄一君の家に着いて、皆で犬のポンタの散歩に出かけた。田舎道を、リードをひいた子供たちが歩いていく。不規則に揺れながらあちこちへ行く小さな背中を、時々向こうからやってくる車がぴっと左に寄せる。一平君にリードを預けた子供たちは、無人販売所に置かれたポンカンを一袋ずつ抱えてまた歩き出す。その代金を缶に落とすと、なんだか無性に買った気がした。

一平君とリドゥに空港まで送ってもらう。その車中でも、リドゥはまだしきりにリクエストをしてくる。それにも応《こた》えられず、ダラダラとくだらない話をして誤魔化す。空港の前で車を降りると、なんで歌ってくれんが、と後部座席から涙声が聞こえる。もう覚悟を決めた。リドゥの胸に顔を埋め、歌ってみる。すると、思ったよりもちゃんと歌えた。それから徐々に力を込め、さらに歌う。あくまでふざけながら、プロがあえて遊びでやっているような感じで。俺は歌うことが怖い。プロなのに、こんなに愛《いと》しい頼みにもさっと応えることができない。昨日のライブでもそうだった。もう長い間、満足に歌えず、いつも騙《だま》し騙しやっている。その情けなさを誤魔化すように、やっぱりあくまでふざけながら、でもすがるように歌う。リドウの胸の辺りからは、甘い子供のにおいがする。前に会った時よりも確実に大きくなった。その体に声が響いて、やっぱり今はちゃんと歌えている。そのことがたまらなく嬉しいけれど、俺はプロだから簡単に喜んだりはしない。

くすぐったそうに身をよじりながら、リドウは俺の歌を聴いている。

校正のお供、ゲルインキボールペン0・5㎜（びしゃびしゃ）

この数日間、文庫化へ向けた校正作業ばかりしている。校閲からの指摘が書き込まれたゲラ（校正用に刷られたもの）を見ていると、過度な自意識ばかり目につく。読みながら、あれもこれも気になり、恥ずかしくてしょうがない。文章の中で、明らかにここで諦《あきら》めたであろうポイントがわかるから、こんなレベルで世に出していたのかと悔しくなる。直しても直しても、次から次へ間違いが湧き出てくる。

正確に言えばそれは間違いですらなく、もっとタチの悪い何かだ。

しっかり批評をされて、あわよくば褒められたい。そんな欲がべったりと貼り付いた文章に、無印良品のゲルインキボールペン0・5㎜で赤入れをしていく。最近、めっきり文字を書く機会が減った。そのせいで自分が書いた文字に確信がもてず、何度も指で線をなぞって思い出そうとする。こんな時、スマートフォンの漢字変換を何よりも信頼していると実感する。確かに合っているはずなのに、自分の引いた線の揺れをどうしても信じることができない。不安に思って確かめれば確かめるほど、その字はどんどん正解からかけ離れていく。そうして修正の修正をしているうちに、何を直してるのかがだんだんボヤけてくる。気づけばもう、ゲラは真っ赤だ。「、」や「。」を、消したり足したり、一向に埒《らち》が明かない。

数年前を否定する自分を、数分後の自分がもう否定している。文章の至るところに潜む「てにをは」が、本当を、正しさを、強く揺さぶる。その「べつにどちらでもよい」のせいで、さらに正しさに迷い込む。

単行本刊行時である2019年の自分に対して、文庫化に向けた作業をする2022年の自分がつい先輩ヅラをしてしまう。どの文章もぶよぶよとたるんで見えるから、無性に引き締めたくなる。この数年のうちにつけた文章を書くための筋肉は、こんなにも美しい。だから、今の自分こそ最高だと信じて疑わない。きっとこんな自分を、数年後の自分がまた厳しく取り締まるのに。

無印良品のゲルインキボールペン0・5㎜は、インクがびしゃびしゃ出るところが良い。行間が詰まっているせいで余白が足りず、十分に文字を書き込めるスペースまでびしゃびしゃの線を引く。その際、線のかすれ等がないか、そこにも異常にこだわってしまう。少しでも消えかかっていたら、別の線と見分けがつかず、正しく修正が反映されないかもしれない。だから、しっかりと濃い線を引こうとする。

伝えるということの難しさを実感しながら、グリグリとペン先をゲラに押しつけていく。一度休憩を挟み、また作業しようと机を見てぎょっとする。ゲラの至るところに赤い文字が飛び散っていて、まるで事件現場に横たわる惨殺死体のよう。たしかに、これだけ手を加えた時点で、もう作品としては死んでいるのかもしれない。オリジナルからは程遠い、準新作みたいなゲラだ。

そして、一番厄介なのはその時々で変わる気分だ。文章を書く時の気分と、文章を読む時の気分とがあり、この二つが嚙み合わない時だってある。

書いたり読んだりしながら、移り変わりの激しい流行のように、コロコロと気分も変化する。

一度直して念のためざっと目を通せば、またミスが出てくる。まるで洗剤を吸ったスポンジのように、何度水洗いしても次々に泡は出る。そうして根気強くくり返すうちに、ようやく水が透明になってくる。

音楽活動をしているからか、目で見た文字の形をリズムで捉《とら》えてしまうことも厄介だ。漢字とひらがな。それぞれを視覚で感じながらリズムを生み出そうとする。

正しさを突きつめた分だけ、面白さは損なわれる。アイスクリームの蓋《ふた》の裏に付いたひと欠片《かけら》がなぜか美味《うま》いのと一緒で、良い部分は、捨てるべきものにこそこびりついている。

それでも、みっともないからと、捨てようとする。正しさに呑《の》まれて、また赤く塗りつぶす。大事なのは中身だと知っていながら、包装にばかりこだわってしまう。

だからいつまで経っても校正は終わらない。

ある日、担当編集者から送られてきたメールに添付されている資料を見て愕然《がくぜん》とした。どうやらこれまでの赤字の入れ方は間違っていたようで、そこには正しい校正のやり方が記載されている。線の引き方や文字の書き込み方を、怒ったような赤が正しく示している。

机の上には真っ赤になったゲラがある。校正の校正をされて、頭の中が真っ白になる。

解説

安本《やすもと》彩花《あやか》

こんにちは、突然失礼します。

私は、エビ中こと私立恵比寿中学《しりつえびすちゆうがく》というアイドルをやっている者です。

まずは尾崎《おざき》さんとの出会いから語らせてください。

尾崎さんとの出会いは2015年。

私たち私立恵比寿中学の『金八』というアルバムに、楽曲を提供していただいたことがきっかけです。

アルバムの最後の曲、「私立恵比寿中学の日常(Epilogue):蛍の光(Demo)」。

演奏は尾崎さんご本人のギター一本で、だだっ広いダンスレッスン用のスタジオでの一発録《ど》り。当時のアイドル界では異例の収録方法でした。

発声練習すらしていない、ただの中学生のヘタクソな歌。

データ上で修正を加えることもせず、素の状態でアルバムに収録されました。

いま思えば、音楽のことなんて何も知らないただの中学生に、なぜ楽曲を提供してくださったのか。訳がわかりません。当時の自分に会えるのなら「発声練習ぐらいしてから挑め！　この無礼者！」と言いたいところです。

尾崎さんにとって、私たちの第一印象は決してよくなかったと思います。

でもこの出会いをきっかけに、クリープハイプさんがヘッドライナーを務めるフェスに呼んでいただくなど、何度かご一緒する機会をいただきました。

実力もないアイドルが、このようなフェスに出させていただいていいのか……。恐縮の気持ちでいっぱいになりながら、早くに現場入りをし、楽屋で珍しくボイトレを受けたことを覚えています。

その時の尾崎さんの印象は……。

お会いしても決して仲が深まるわけではなく、人見知り集団の私たち中学生は、得体の知れないバンドマンと一定の距離を保ち続けました。

同世代のアイドルに囲まれて活動してきた私たちにとっては、独特の雰囲気を醸し出す大人の男の人。正直、ただただ怖かったです。

前髪で目が見えないし……。ライブ中、やっと見えたと思ったら、変わった声で歌うし。

それでも、私は吸い込まれるように歌を聴き続けたのを覚えています。

聴き慣れないメロディーと歌詞。

パワー溢《あふ》れるロックサウンドに、変幻自在に踊る言葉。

フロアが熱くなっていくのを、この目で見ました。

初めて生で見るロックは、耳が痛くて、とても生々しく、興奮しました。

そんな第一印象から月日が経ち、中学12年生に……。

普通に言うと24歳になった私のもとに（永遠に中学生という設定が一応あります。笑）、尾崎さんの文庫の解説文をお願いします、というお話が来たのです。

とにかくびっくりしました。

めちゃくちゃ光栄なことですが「何で私なの!?」と、今でも思っています。

私のイメージといえば「独特な喋《しゃべ》り口調で、とぼけたことを言うアイドル」で、文学的とはとても言えない。はたまた「クリープハイプの大ファンなんです」なんて言ったこともないし……（あの日、生でライブを見た時から密《ひそ》かに聴いていますが）。

文章力なんて中学生レベル、読書だって成人してから始めた私ですよ!?

でも実は、この本の愛読者だったのです。

この作品に自分の心がどう動いたのか、何を感じたのか、真剣に向き合うこと。そして、それをたくさんの人と共有する機会があること。

こんな貴重な経験はないぞと思い、喜んで受けさせていただきました。

解説についての打ち合わせで、「だいたい2000文字、原稿用紙で5枚くらい」と言われたのは衝撃的でした。「夏休みの宿題で出たら、確実に最終日に、適当なあらすじで埋めて提出するようなボリュームだぞ……」と(笑)。

でも私、面倒くさいこと大好きなんです。

だって、だってですよ、全部全部、生きてる証拠だから!

明日死ぬかもしれない、という状況を経験した私からしたら、生きて感じることの全てが奇跡で、全てが幸せなのです。夏休みの宿題だって、最高に楽しいんです。

ちょうどこの本に出会ったのは、悪性リンパ腫《しゅ》の治療を終えて、大好きなエビ中に復帰した年の夏です。

復帰したばかりの私には、世界が幸せに溢れて見えたと同時に、時間の流れが遅く思えました。

なんでみんな当たり前の顔をして、のんびりしてるんだろう。

もっと日常に心を動かされていいんじゃないか。

毎日ワクワクしてドキドキしてイライラして。

なんてことない日々なんて、無いんだよ、って……。

当たり前のように思っていた日々を、もう一度手に入れた私は、気力に満ち溢れていました。

周りの人の心配に、この上ない感謝と、ほんの少しのうざったさを感じながら、「あれもしたい！　これもしたい！」と、いろいろなものに目を光らせました。日常を取り戻すことに関しては、貪欲《どんよく》と言えるくらいになっていたかもしれません。

そんな中で見つけたものの一つが、読書。

体力を使い過ぎずに自分を高められるのが、いろんな本を読むことでした。

私が知らない、楽しいことをたくさん知りたい！

私が知らない人生をたくさん見てみたい！

それまでは、どちらかといえば本は苦手でしたが、とにかくいろんなジャンルに手を出しました。

そこで出会った一冊が『泣きたくなるほど嬉しい日々に』。

え？　これ私やん！　私のことが書いてあるに決まってるやん！　しかも尾崎世界《せかい》観《かん》⁇　本も出しているのか……！

ジャンルは違えど、同じ芸能界にいて、音楽に触れている人は日々どんなことを思って、どんなことを伝えたいのか、すごく気になる。これは読むしかない！　そう思って、この本を手に取りました。

読んでみると、これまたビックリ。「今日は5ページ読めたら上出来だ！」という気合いで挑まないと読書ができない私だったはずが、スルスルと読み進めていったのです。

電車の中も、スマホに釘付《くぎづ》けだったスタバタイムも、なんなら浴槽の中だって手放しませんでした。

一日が終わるころ。

気づいたら読み終わっていました。

とにかく笑った笑った。

次の日には忘れてしまうくらいくだらない日常から、「そういう細かいとこ、気にするよね」といった共感まで……。自分の日記を見ているような、〝恥ずかしさ〟と〝クスッ〟とが、そこにはありました。

私が初めて生でライブを見たあの日、会場全体に「セッ○スしよう」と言わせた人とは思えない程に、ちっちゃい人間でした。

あの瞬間の堂々とした姿。〝周りに敵なし〟といった絶対的な自信に満ち溢れていた尾崎世界観は、どこにいった？　平凡な日常で、正常にイライラして、捻《ひね》くれてて、うじうじしていて、普通に陰キャではないか!!　緊張した自分の顔を〝収穫したてのジャガイモ〟とたとえるところとか、私の友達もそんなようなこと言ってたなーと親近感すら湧いた。尾崎さんの世界観丸出しで、本当の意味で尾崎世界観さんに出会ったような、そんな気持ちになりました。

言葉の表現は特別なのに、エピソードはそこら中に落ちている日常と、うるさい心情。

私が特に好きなのは「エッセー尾崎」。他人様《ひとさま》のお家《うち》にお邪魔する肩身の狭さ。玄関の鍵《かぎ》の話。小さなことが気になる生きづらさに、共感しました。

「銀座の田中さん」も。

わかりやすく悪口が言えるほど強くはないけど、なんか悪く思いたい、どこか減点してやりたい気持ち。いちばん弱いしダサいのはわかってるけど、ちょっとなんか言ってやりたくなるんですよね（汗）。私って非常に小さい人間。自分の苛立《いらだ》ちを思い出しました。

そんなふうに、次の日には「なんだったっけ?」と忘れてしまうくらい、くだらないことが、歌詞のように遊び心満載で表現されているのが本当に楽しい。

そして、埋めても埋めても埋まり切らない、ぽっかり空いた穴が隠れているようにも思えた。そんな穴をゆっくり奥まで挿しては抜いているのだろう。

この本から伝わる切ない感情が、とてもナチュラルなのもお気に入りのポイントです。

辛かったことというのは、大袈裟《おおげさ》になってしまうものだと私は思っていて……。

あたかも自分の経験は特別であるかのように……。

私も、思い出の中にある切ない感情は、すごく自分にとって大きな問題に思えるし、ついつい悲劇のように語ってしまう。

でも、この本の中ではそんなシーンがない。

「寂しさ、悲しさ、苦しさ、虚《むな》しさ」、胸がきゅっとなる感情の全てが、とても自然に日常に溶け込んでいる。

それが尾崎世界観の、人としての強さなのかもしれない。

何がそんな世界観を作ったのか……。エピソードを辿《たど》りながら、勝手に結びつける作業も楽しみ方の一つだったりするのかも……。

解説文を書くにあたって、この本を読んだ皆さんのレビューを読みました。それぞれ自分の経験に重ねて自由にレビューしているのを見て、文を書く勇気をもらいました。こうして私の拙い文が、皆様の感想と共にうるさく生きてくれたら本望です。

最後に尾崎世界観とは……。

音楽や言葉を使って、人の心を動かす特別な人。

いや、特別なんてこの世に本当にあるのか……？

実は平凡こそが特別なのかもしれませんね。

本書は、二〇一九年七月に小社より刊行された単行本を加筆修正のうえ、文庫化したものです。

「2022年2月6日」は、クリープハイプ全国ホールツアー二〇二二「今夜は月が綺麗だよ」グッズ『尾崎世界缶（苦汁100％）』より収録しました。

「義理サイン」、「音楽の神様（笑）」、「校正のお供、ゲルインキボールペン0・5㎜（びしゃびしゃ）」は書き下ろしです。

泣《な》きたくなるほど嬉《うれ》しい日々《ひび》に

尾崎世界観《おざきせかいかん》

令和5年 1月25日　初版発行
令和6年 12月15日　11版発行

発行者●山下直久

発行●株式会社KADOKAWA
〒102-8177　東京都千代田区富士見2-13-3
電話　0570-002-301（ナビダイヤル）

角川文庫 23415

印刷所●株式会社KADOKAWA
製本所●株式会社KADOKAWA

表紙画●和田三造

●お問い合わせ
https://www.kadokawa.co.jp/（「お問い合わせ」へお進みください）
※内容によっては、お答えできない場合があります。
※サポートは日本国内のみとさせていただきます。
※Japanese text only

ISBN 978-4-04-112986-9　C0195

JASRAC 出 2204815-411

◆◇◇

角川文庫発刊に際して

角川源義

第二次世界大戦の敗北は、軍事力の敗北であった以上に、私たちの若い文化力の敗退であった。私たちの文化が戦争に対して如何に無力であり、単なるあだ花に過ぎなかったかを、私たちは身を以て体験し痛感した。西洋近代文化の摂取にとって、明治以後八十年の歳月は決して短かすぎたとは言えない。にもかかわらず、近代文化の伝統を確立し、自由な批判と柔軟な良識に富む文化層として自らを形成することに私たちは失敗して来た。そしてこれは、各層への文化の普及滲透を任務とする出版人の責任でもあった。

一九四五年以来、私たちは再び振出しに戻り、第一歩から踏み出すことを余儀なくされた。これは大きな不幸ではあるが、反面、これまでの混沌・未熟・歪曲の中にあった我が国の文化に秩序と確たる基礎を齎らすためには絶好の機会でもある。角川書店は、このような祖国の文化的危機にあたり、微力をも顧みず再建の礎石たるべき抱負と決意とをもって出発したが、ここに創立以来の念願を果すべく角川文庫を発刊する。これまで刊行されたあらゆる全集叢書文庫類の長所と短所とを検討し、古今東西の不朽の典籍を、良心的編集のもとに、廉価に、そして書架にふさわしい美本として、多くのひとびとに提供しようとする。しかし私たちは徒らに百科全書的な知識のジレッタントを作ることを目的とせず、あくまで祖国の文化に秩序と再建への道を示し、この文庫を角川書店の栄ある事業として、今後永久に継続発展せしめ、学芸と教養との殿堂として大成せんことを期したい。多くの読書子の愛情ある忠言と支持とによって、この希望と抱負とを完遂せしめられんことを願う。

一九四九年五月三日

角川文庫ベストセラー

グミ・チョコレート・パイン　グミ編
大槻ケンヂ

五千四百七十八回。これは大橋賢三が生まれてから十七年間の間に行ったある行為の数である。あふれる性欲、コンプレックス、そして純愛との間で揺れる〝愛と青春の旅立ち〟。青春大河小説の決定版！

グミ・チョコレート・パイン　チョコ編
大槻ケンヂ

大橋賢三は高校二年生。学校のくだらない連中との差別化を図るため友人のカワボン、タクオらとノイズ・バンドを結成するが、密かに想いを寄せていた美甘子は学校を去ってしまう。愛と青春の第二章。

グミ・チョコレート・パイン　パイン編
大槻ケンヂ

冴えない日々をおくる高校生、大橋賢三。山口美甘子に思いを寄せるも彼女は学校を中退し、女優への道を着々と歩み始めていた。少しでも追いつこうと、賢三は友人のカワボンらとバンドを結成したが……。

ロッキン・ホース・バレリーナ
大槻ケンヂ

その頃の耕助ときたらこの世界の仕組みの何一つ知らなかった。そんな耕助がボーカルを務めるパンクバンドが、初めての全国ツアーに出かけ、ゴスロリ娘を拾った!? 大興奮ロードノベル。

ステーシーズ　少女再殺全談
大槻ケンヂ

少女たちが突然人間を襲う屍体となる「ステーシー化現象」が蔓延。一方、東洋の限られた地域で数十体の畸形児が生まれ、その多くはステーシー化し再殺されたのだが……新たに番外編を収録した完全版。

角川文庫ベストセラー

ゴシック&ロリータ幻想劇場　大槻ケンヂ

怪奇、不条理、愛、夢、残酷、妖精、ロック……奇才・大槻ケンヂが、可愛くって気高い女の子たちのために、ロマンティックで可笑しくって悲しい物語を紡ぎ出しました。単行本未収録作品を加えた完全版。

ロコ！　思うままに　大槻ケンヂ

絶対的に君臨する父親によってお化け屋敷に閉じこめられている少年・ロコ。独りぼっちの彼が美しい一人の少女と出会う……ほろ苦い衝動が初めてロコを突き動かす！　泣ける表題作他を収めた充実の短編集。

縫製人間ヌイグルマー　大槻ケンヂ

クリスマスの夜、ある女の子のところにやってきた一体のテディベア。不思議なことに彼は意志を持ち、世界征服を狙う悪の組織に立ち向かう！　大切な誰かを守るために――。感動と興奮のアクション大長編。

人として軸がブレている　大槻ケンヂ

「人として軸がブレている」と自ら胸をはって大きな声で公言する、オーケンならではの眼差しから紡がれる珠玉の爆笑のほほんエッセイ48＋1編！　人として軸がブレている。でもいいんじゃん？

いつか春の日のどっかの町へ　大槻ケンヂ

一進一退の四十の手習いが胸を打つ。楽器など手にしたことのなかった男が、ギター弾き語りの練習を始め、ついには単独ライブに挑戦。どこからでもいつからでも人は挑戦できる、オーケンの奮闘私小説。

角川文庫ベストセラー

使命と魂のリミット　東野圭吾

あの日なくしたものを取り戻すため、私は命を賭ける――。心臓外科医を目指す夕紀は、誰にも言えないある目的を胸に秘めていた。それを果たすべき日に、手術室を前代未聞の危機が襲う。大傑作長編サスペンス。

夜明けの街で　東野圭吾

不倫する奴なんてバカだと思っていた。でもどうしようもない時もある――。建設会社に勤める渡部は、派遣社員の秋葉と不倫の恋に墜ちる。しかし、秋葉は誰にも明かせない事情を抱えていた……。

ナミヤ雑貨店の奇蹟　東野圭吾

あらゆる悩み相談に乗る不思議な雑貨店。そこに集う、人生最大の岐路に立った人たち。過去と現在を超えて温かな手紙交換がはじまる……張り巡らされた伏線が奇蹟のように繋がり合う、心ふるわす物語。

ラプラスの魔女　東野圭吾

遠く離れた2つの温泉地で硫化水素中毒による死亡事故が起きた。調査に赴いた地球化学研究者・青江は、双方の現場で謎の娘を目撃する――。東野圭吾が小説の常識をくつがえして挑んだ、空想科学ミステリ！

超・殺人事件　東野圭吾

人気作家を悩ませる巨額の税金対策。思いつかない結末。褒めるところが見つからない書評の執筆……作家たちの俗すぎる悩みをブラックユーモアたっぷりに描いた切れ味抜群の8つの作品集。

角川文庫ベストセラー

魔力の胎動
東野圭吾

彼女には、物理現象を見事に言い当てる、不思議な"力"があった。彼女によって、悩める人たちが救われていく……東野圭吾が小説の常識を覆した衝撃のミステリ『ラプラスの魔女』につながる希望の物語。

今夜は眠れない
宮部みゆき

中学一年でサッカー部の僕、両親は結婚15年目、ごく普通の平和な我が家に、謎の人物が5億もの財産を母さんに遺贈したことで、生活が一変。家族の絆を取り戻すため、僕は親友の島崎と、真相究明に乗り出す。

夢にも思わない
宮部みゆき

秋の夜、下町の庭園での虫聞きの会で殺人事件が。殺されたのは僕の同級生のクドウさんの従妹だった。被害者への無責任な噂もあとをたたず、クドウさんも沈みがち。僕は親友の島崎と真相究明に乗り出した。

あやし
宮部みゆき

木綿問屋の大黒屋の跡取り、藤一郎に縁談が持ち上がったが、女中のおはるのお腹にその子供がいることが判明する。店を出されたおはるを、藤一郎の遣いで訪ねた小僧が見たものは……江戸のふしぎ噺9編。

お文《ふみ》の影
宮部みゆき

月光の下、影踏みをして遊ぶ子どもたちのなかにぽつんと女の子の影が現れる。影の正体と、その因縁とは。「ぼんくら」シリーズの政五郎親分とおでこの活躍する表題作をはじめとする、全6編のあやしの世界。

角川文庫ベストセラー

過ぎ去りし王国の城　宮部みゆき

早々に進学先も決まった中学三年の二月、ひょんなことから中世ヨーロッパの古城のデッサンを拾った尾垣真。やがて絵の中にアバター（分身）を描き込むことで、自分もその世界に入り込めることを突き止める。

おそろし　三島屋変調百物語事始　宮部みゆき

17歳のおちかは、実家で起きたある事件をきっかけに心を閉ざした。今は江戸で袋物屋・三島屋を営む叔父夫婦の元で暮らしている。三島屋を訪れる人々の不思議話が、おちかの心を溶かし始める。百物語、開幕！

ブレイブ・ストーリー（上）（中）（下）　宮部みゆき

ごく普通の小学5年生亘は、友人関係やお小遣いに悩みながらも、幸せな生活を送っていた。ある日、父から家を出てゆくと告げられる。失われた家族の日常を取り戻すため、亘は異世界への旅立ちを決意した。

四畳半神話大系　森見登美彦

私は冴えない大学3回生。バラ色のキャンパスライフを想像していたのに、現実はほど遠い。できれば1回生に戻ってやり直したい！　4つの並行世界で繰り広げられる、おかしくもほろ苦い青春ストーリー。

夜は短し歩けよ乙女　森見登美彦

黒髪の乙女にひそかに想いを寄せる先輩は、京都のいたるところで彼女の姿を追い求めた。二人を待ち受ける珍事件の数々、そして運命の大転回。山本周五郎賞受賞、本屋大賞2位、恋愛ファンタジーの大傑作！